내 옷장의 노래
Ode to my Closet

내 옷장의 노래
이매자 시집

발행일
초판 1쇄　2025년 7월 7일

지은이　　　● 이매자
펴낸이　　　● 김종해
펴낸곳　　　● 문학세계사
출판등록　　● 1979. 5. 16. 제21-108호

주소　　　　● 서울시 마포구 신수로 59-1(04087)
대표전화　　● 02-702-1800
팩스　　　　● 02-702-0084
이메일　　　● munse_books@naver.com
홈페이지　　● www.msp21.co.kr

ISBN 979-11-93001-71-4
ⓒ 이매자, 문학세계사

내 옷장의 노래
Ode to my Closet

이매자 시집

문학세계사

이매자 시인

1966년 서강대학교 영문과를 졸업하고 수도여자사범대학과 서강대학교에서 영문학 교수로 재직하다가 1970년에 결혼과 함께 미국으로 이주하여 미주리 주에서 가정생활에 전념했고, 1995년부터 본격적인 작품 활동을 시작했다.

일곱 살 때 겪은 한국전쟁을 배경으로 한 자전적 소설 『음천The Voices of Heaven』으로 〈포어워드 리뷰스〉 선정 '올해의 출판상'(다문화 부문, 군사와 전쟁 부문)을 받았으며, USA 베스트 책(역사소설과 문화소설 부문)에 최종 작품으로 선정되었다. 또, 소프 멘 문학상 우수상Thorpe Menn Literary Excellence Award과 미국 독립출판도서상Independent Publishers Book Awards(전자책 소설 분야) 등을 수상했다.

□ 시인의 말

나의 정신은 서정이다. 나의 마음도 서정이다.
그렇기 때문에 나는 서정에 바탕을 두고 오랫동안 시를 써왔다.
어느 날 이윤홍 문학평론가 현대시 강의에 들어갔는데 도무지 맞지가 않았다.
시를 찢고 파괴하고 단편적이고 분절하는 것이 무슨 시란 말인가. 이런 생각에 질색을 할 정도였는데, 그러다가 갑자기 제임스 헨리 크니펜James Henry Knippen의 「소네트Sonnet」를 읽는 순간 이윤홍 문학평론가의 모더니즘, 포스트모더니즘의 현대시가 나의 서정을 밀치며 나의 마음으로 들어섰다. 그게 아마도 2, 3년 전이었다.
정신도 마음도 이제는 쉬고 싶어 할 때 낯섦의 시가 나를 찾아온 것이다. 그 순간 나는 모더니스트 시인이 되어 정신없이 현대시를 쓰기 시작했다. 마치 20대의 젊은 시인이 된 것 같았다.
그러나 돌아보니 나는 여전히 서정시인이었고, 지금

도 그렇고 앞으로 서정시인이라는 것을 깨닫는다.

   나는 골수까지 빠져든 모더니스트는 결코 아니다. 나는 더욱이 포스트모더니스트는 아니다. 나의 현대시는 서정에 바탕을 둔 시가 될 것이다. 나의 현대시는 현대시풍에 정서를 가미한, 어쩌면 낯섦의 시에 풍미를 함께한 시가 될 것이다.

   써놓고 보니 나 자신이 행복하다.
   독자들도 즐거움을 찾아낼 것이다.
   81살의 나이에 나는 현대시로 인해 더 젊어지고 있다.
   독자들에게 그 젊음을 나누어 주기 위해 한 권의 시집으로 엮는다.
   내가 사랑하는 독자 여러분,
   이 노시인을 존중해 주시기를!
   이 노시인을 사랑해 주시기를!
   내가 시 속에서 당신을 영원히 사랑하듯이!

□ 차례

시인의 말

제1장

햇살이 달리아Dahlia 되는 오후 _____ 14
햇빛에서 풀려나와 반짝이는
실크 실타래 가닥들 _____ 17
A Crown of Sonnets 소네트 _____ 20
깨어진 인연의 박물관 _____ 22
나와 별 하나 _____ 24
여름으로인해아나는존재한다 _____ 26
손가락 없는 돌고래의 손에서 노는 장난감 _____ 29
하늘의 은빛 멸치 _____ 31
구름이 낙태한 빙하 쪼가리들 _____ 34
파란 이끼로 미끄덩거리는
돛배에서 주워 온 아홉 개의 단어 _____ 36
Do Not Go Running After Love _____ 38
하얀 페인트통에 빠진 개미 _____ 40
곤충 심리학 I _____ 42

제2장

크리스마스 캑터스 Christmas Cactus _____ 46

이젠 이 책을 씹어먹자 _____ 48

코비드 19야 _____ 49

가을 까만 기저귀의 계절 _____ 51

가을 _____ 53

가방 _____ 54

나는 쪽빛으로 나를 물들이련다 _____ 56

거미의 하루 _____ 58

그 따뜻한 손이 말해 준 것 _____ 60

미끼 _____ 62

꽃의 배후 _____ 64

나는 믿는다 _____ 66

노년기 _____ 68

말라비틀어지고 이름 없는 선인장 한 조각 _____ 70

제3장

문고리 _____ 74

싸인 _____ 76

잠에서 깨(어)나는 방법 _____ 78

자살하는 나무Tahina Spectabilis _____ 81

저녁의 무렵 _____ 83

달걀에 대한 명상 _____ 84

삐쭉 마른 손 _____ 86

을지로 입구 지하철역 _____ 88

푸른 동의어語 _____ 91

모서리를 읽다 _____ 92

큰딸의 냄새 _____ 94

나의 길 위에서 2024년 _____ 97

낭과 패가 아니다 _____ 99

아버지의 등 _____ 102

제4장

신년시 2023 _____ 106

초등학교 시절의 불알친구여 _____ 108

그대의 유품, 그 말이 나를 살해했다 _____ 110

늙음 _____ 113

봄 여름 가을 겨울 그리고 봄

영화 제목에서 사월을 뺀다면 _____ 115

손으로 걷는 사람들Hand Walkers _____ 117

바다의 견우직녀Oval Butterfly Fish _____ 119

캘리포니아 주민들이 요강을 사용하면? _____ 121

흑백 _____ 123

물의 꽹과리 _____ 124

남아선호사상 몽둥이 _____ 127

사과와 홍당무 _____ 130

아담과 이브 _____ 132

하늘이 무너질 때 _____ 134

재활용: 뉴요커 잡지의 시 모으기 _____ 137

이리디움 강철이 되어 _____ 140

바벨탑 _____ 143

제5장

너무나 긴 길 _____ 146
먼저 간 친구에게 부치는 글 _____ 148
당신, 거기서 뭘 해? _____ 150
아카시아와 별들 _____ 152
가슴이 덜덜 떨리는 바다 _____ 156
쥐띠상 얼굴을 한 사공이
세월호엔 없었다 _____ 158
쓰레기 섬이 사라지는 새해 신년시, 2024 _____ 161
노란 치약 _____ 164
나를 위해 울지 마오 젊은이들이여 _____ 166
해의 실빛 _____ 169
아르코 차토Arco Chato, 평평한 아치 _____ 171
내 옷장의 노래Ode to my Closet _____ 174
피아트 공장이 문을 닫았을 때 _____ 178

| 해설 | 이윤홍 시인(현 미주한인문학 아카데미 KALA 회장)
시간을 초월한 목소리 _____ 181

제1장

햇살이 달리아Dahlia 되는 오후

캔자스 대학
캠퍼스
구월 어느 오후
분수에서 치솟아 올라갔다 다소곳이
내려오는 물방울의 면사포

아직도 오월이다, 하고 떼를 쓰는
잔디의 녹색 위에서
가느다란 바람을 살짝 만졌다
놓아, 퍼졌다 오므라지는 그
신부의 베일
바람이 발길질을 칠 때
베일은 하늘로 줄달음질치더니
사뿐 접으며 돌아온다

그 몸매에 반해, 햇살은, 사랑에 미치는
달리아처럼 달구어져,

신부를 가로채고 싶은 마음 참고
우린 시간 많이 있어, 란 듯
여유 있게,
면사포에 조명을 비춘다.
그 화사함에 눈이 시다
이 순간에 면사포를 휘날리는
세상의 모든 신부들이여
신부였던 아득한 옛 나여

한순간과 영원을
두 개의 본질을 유지케 하는 동시에
하나로 발효시켜
반짝이는 토기에 담고,
그 향기를 매 순간 맡아서,
천근만근 나 자신이 무거워 우는 나를
저리 화사히
가벼이 만들면,

나도 저런 휘날리는
영원과 한순간,
이두일신의 화신인 진실 될 수 있을까

햇빛에서 풀려나와 반짝이는
실크 실타래 가닥들

    수백 개 가닥들이 제 맘대로 봄바람에 휘둘려 조명을 받는 오페라 무대처럼 여기서 저기까지 널리 널리 무희의 스커트 같이 퍼지고 또 고무풍선 되어 지구의 반을 덮는다. 와오밍의 쑥 덮인 언덕, 냉이의 노란 꽃봉오리 색 양탄자 러그. 이렇게 언덕이 노랑으로 휘덮이는 날엔.

    신부님은 더 이상 참을 수가 없다. 몸뚱아리의 가장 말랑말랑 거리는 부분이 터질 것 같다. 그래, 하자, 하자.
    그는 방으로 뛰어 들어가 빨래로 꽉 찬 바구니를 화장실 한 모퉁이에서 꺼낸다. 이미 기계로 세탁된 젖은 것들. 밖에 나가 빨랫줄에 널기 시작. 양말. 베갯잇, 타올, 설거지 수건. 아, 빤쯔, 살에 착 달라붙는 나이롱 빤쯔. 두 개. 흰색, 회색.

    오 신이여, 이 햇빛의 날을 축복하소서.
    오 신이여, 이 눈부신 호흡을 축복하시옵소서.

오 신이여. 열한 번째 계명을 축복하소서.

이 광경을 이층 발코니에서 보던 이혼 여성.
이층 셋방 여인.
보수적인 종교, 여호와의 증인 신자, 오 신이여. 이를 어쩝니까.
남자 속 빤쓰가 바람에, 일렁일렁 사타구니 털이 제 맘대로 사방으로 흩어져 그녀를 간질인다.
집주인 여자를 불러내 삿대질하며 경찰 불러라!
저 망령 난 늙은이를 체포하시요!
주인 여자 손을 쥐어짜며 신부님은 전기값을 줄이고 태양력을 사용해 공기 공해를 막으려 하시죠.
에너지를 과잉 사용하지 말라, 는 11번째 계명

주인의 달램 박차고,
그녀,

"내 방에 권총. 내 방에 권총!"

A Crown of Sonnets 소네트
Sonnet #1, Iambic Pentameter

Day One 첫날 사랑에게 내 모든 것을

'공작' 음식점에 그이가 왔다
한 번도 못 봤던 남자
그렇지만 내가 즉각 알아본
그이

동료 접대부 여자를 불렀다
르네, 여기 좀 와봐
저기, 저기 들어온 남자 좀 봐
누군데?
내 애인. 이름은 몰라

르네가 어이가 없는지 입을 닫았다
　만난 순간에 그이가 나의 첫사랑임을 깨닫는 게 불가능하다고 누가 그래?
　그이가 의자에 앉고 나는 주문을 받았다

자세히 보니 눈이 초록색 아일랜드 민족의 초록색
어느 천사의 놀음이었나
그이는 이름도 안 남기고 식사 후 떠났다
나는 마음 안에 있는 성경에 내 입술을 맞추었다
저녁달의 따뜻한 얼굴에 나의 얼굴을 맡겼다
구름이여, 새의 날개여, 장미꽃이여, 그이를 등에 지고
나에게로 데려다준 이여
다시 나에게로 에덴동산으로 그이를 모시고 오게나

깨어진 인연의 박물관

'사랑은 복부 한가운데를
바느질해 가는 것'—
유럽의 나라 크로아티아Croatia
자그레브Zagreb 도시에 있는
'깨어진 인연의 박물관'에 진열된
한 전시물의 캡션이다.

Droit du seigneur—
〈휘가로의 결혼〉에서 취급한
중세기 이태리의 관습. 하인의
첫날 밤 머슴의 여자를
주인이 먼저 맛보는
권리의 행사. 그것을 겪어내는 동안,
바늘들이 그 머슴과 그의 여자의 배에
무늬를 놓았었으리라.
한 뜸씩.
쫌쫌히.

개미 떼들처럼 지구를 새까맣게 덮은
우리 무리들은
사랑이 수놓고 갈
흉터가 올림픽 금메달이라도
되는 듯,
빠짐없이 아우성치지 않는가?
'배를 꿰매더라도,
바늘이여, 내게로 오라. 어서어서'

나와 별 하나

우리 글쟁이 되자 라고 나의 등을 밀어붙인 친구 사라Sara

아브라함의 아내의 이름도 사라였지
별 하나 내 가슴에 가장 깊은 데서 빛나는 그 별
사라의 것이다 사라의 손에 있다
그녀의 돌아가신 남편 데이비드가 거기에 둔 선물이다

30년도 전 데이비드가 살아있을 때
사라가 나에게 속삭인 말.
사라는 보통 하는 말도 속삭이듯이 했다
사라가 한밤중 자다가 보니 내 손이 데이비드 손 안에 꼭 쥐어있었지

그 순간 사라의 손에서 나에게로 그 별이 날아왔다
그 로맨틱한 이미지가 나를 파고들었다
갑자기 데이비드가 저세상으로 갔다는 사라의 속삭

이는 듯한 소식 들었고

   그 후 혼자 남은 사라의 외로움을 그리며 내가 사라에게 위로가 되었던 때를 생각하면서 남편이 옆에 있는 나의 행복에 죄스러움을 덜었었다.

   이젠 손자 손녀를 보러 가서 덜 외로운 생활을 하는 사라이지만
   난 계속 사라의 손안의 별을 생각했다.

여름으로인해아나는존재한다

나는왜어렸을때부터

여름을좋아했을까

모든게다축늘어져동그라미그렸다

포푸라나무가지도둥그렇게처졌고

참외파는아주머니감지않은땀에절은

긴머리칼,젖을내놓고아가먹인다

암소가새끼소에게젖빨린다아가의고개는

뒤로제쳐졌고입은딱벌려먹은젖이입술에

말라붙어버삭바삭

뜨거운바람에개도조용, 여름 매미도벙어리

파리도해가너무뜨거워조용조용

부글부글끓는태양의독재철저해

뜨거워서나는살아있다

헉헉헉부글부글끓는땡볕에

내가죽은상태인가?살아있나

물어볼필요없어좋다. 헉헉헉따가움이

내가살아있는걸확실히알려준다

나는태양에타고있다. 그러므로나는살아있다

내가살아있나를누구에게묻지않아도되니

분명한나의존재, 가장 따거운여름햇빛이보증해준다

나의존재가확실한순간의행복

가장 따거운여름이말해준다

손가락 없는 돌고래의 손에서 노는 장난감

오줌의 맛을 보고 친구인가 적인가를
안다는 돌고래.
유창한 언어로 의사소통한다는 돌고래.
날개인가? 손인가? 위잉잉 비행한다.
펄렁 펄렁 비닐봉지도 신들렸다.
돌고래 떼. 비닐봉지 떼.
확 열어 젖힌 바다의 입안을
뱅뱅 돌고 앞으로 돌진, 뒤로 획 돌고 비티에스 방탄소년단 노래
시원치 않고 미지근한 거 같네, 에 박자 맞추네.
파티다.
물이 돌고래 입을 열었다 닫았다.
바닷물의 폭포수
손가락 없는 손으로 비닐봉지 홱 챈다.
끼고 동그라미 긋는다.
깃발처럼 올린다.
딴 놈이 납쌀스레 도둑질하러 온다.

비닐봉지 장난감 싸움 붙는다.
후루룩 장난감이 목으로 넘어갔다.

하늘의 은빛 멸치

오늘은 지중해 바다 푸른색으로 워싱턴 호수
옆으로 누워있다. 팔팔 뛰는 물고기들로 배가 차 울퉁불퉁하다.

컷스롯, 싹아이 연어, 무지개 숭어, 치누크 연어, 코호 연어,
입 작은 배스, 입 큰 배스, 멸치.

그녀는 무거운 몸으로도 그이를 열망해 몸을 비비 꼰다.
그이는 캐스캐이드 산맥.
그는 쭉 뻗어 엎드려 있다.
그의 수많은 성기들은 이미 그녀의 몸속에 박아놓고.*

어웅. 짐승 소리치고는 꽤 얌전하다.
랜턴의 737기 비행기 제작 회사의
배에서 한 대가 탄생되어 하늘로 솟아오른다.

그 회사는 하루에 737형 비행기 한 대 반을 조립한다. 일주일에 10.5대씩.
일 년에 3,800대. 2035년까지 50,000대를 제작할 주문이 들어와 있다.

깊은 청색 하늘을 굴 파듯이 뚫고 나오면 비행기들은 햇빛에
　은색으로 반짝인다. 살아 퍼덕이는 멸치처럼. 밤에는 초록색 머리,

　꽁지는 빨간색으로 깜빡거리며 자신의 총무게를 성배 은술잔 같이
　모시며 비행한다. 물과 산의 사랑으로 잉태된 인류의 진화 과정 치켜들고.

• 이 표현은 정현종의 시 「물의 꿈」 중에서 "나는 나의 성기를 흐르는 물에 박는다"라는 충격적인 구절에서 아이디어를 갖게 되었다. 남진우의 『그리고 신은 시인을 창조했다』 79쪽.

구름이 낙태한 빙하 쪼가리들

찰칵, 찰칵. 휴대폰 카메라 입이 찢어지게 웃는 관광객들 사진 찍는다.

사 년간의 코비드 감옥에서 임시 석방. 그들의 희열. 아이스 랜드의 까만 모래사장.

하얀 빙하 쪼가리들의 비비 꼰 몸뚱이들이 해안 전면에 너벌려져 있다. 구름들이 우루륵 몰려와 가까이 내려다본다.

안타까운 듯. 자신들의 낙태된 애기들의 시체 보는 듯이.

자유의 여신상만큼 키가 큰 빙하에서 녹아 깨져나온 빙하의 쪼가리들. 눈부시다. 어떤 건 공원의 벤치 모양. 어느 부부 거기 앉아 포즈 잡는다. 여자의 손은 자동적 V. 수용소 탈출의 환희.

또 하나는 삼 피트 정도 높이. 차 차 차 춤추는 무녀의 스커트 모양. 치맛단은 넓고 보글보글.

그녀 그 '스커트' 뒤로 가 그것을 '입는'다. 사랑의 눈으로 보는 남친의 미소 백 와트로 환하다.

이 자리. 남북극 빙하의 운동장 겸 사냥터였던 곳. 여기서 월러스, 백곰, 펭귄들이 혼 빠지게 놀고, 얼음을 뚫고 상어, 돌고래, 전자 뱀 홀짝홀짝 잡아먹던 곳. 여기서 월러스 수컷들이 암컷들을 독차지하려고 경쟁자 수컷들과 치열한 투쟁. 경쟁자의 사타구니를 파버리는 쇼를 했었지 사라진 사냥터. 물에 빠져 죽을 순간, 수천 마리 바위 절벽 오른다. 낑낑. 허덕허덕. 옆 놈 귀를 물어뜯는다.

정상에 도착. 먹이가 없다. 다시 바다로.

파란 이끼로 미끄덩거리는
돛배에서 주워 온 아홉 개의 단어

여름—폭포수 안으로 뛰어내렸다. 어. 심청이가 있네.

사랑—지구 한쪽에서 반대쪽으로 오는 남자 아가의 걸음마. 이십칠 년 후 나에게 줄 사탕을 들고.

북한—너 포켓에 내 손을 넣을까. 너의 손을 백두산 눈 속에 놓고 올까.

죽음—빨랫줄에 널린 흰 홑청. 노란 새 짚풀을 물고 파다락거린다.

천국—어떤 날엔 거기서 피가 좔좔. 어떤 날엔 모랫바닥에 뿌리를 박고 핀 벚꽃의 바다.

양심—독을 항상 누구에게 뿜을 준비가 되어있는 불사의 해머 헤드 지렁이.

우크라이나—장마철. 장대로 내리치는 비. 타서 바스락거리는 영혼들의 까만 단어들.

늙음—그래. 온다니까. 기다리지 마. 엄마가 내가 밤길 오길 기다렸듯이. 약국 앞에 쪼그리고 앉으셔서. 만나서 컴컴한 공사장 옆으로 흙바닥 골목길 나의 하이힐

이 구멍 팠다.

    노숙자—나하고 따듯한 방에서 자자. 옆구리를 세로로 찢어 만든 나의 둘째 입에서 터진 말. "안돼."

Do Not Go Running After Love

Boo dang choo so ae 부당추소애
Yok mock yoo bool so ae 역목유불소애
—Bup Hwa Kyong(Ohammapada) 법화경

사랑을 좇아서 허덕허덕 뛰지 말라
사랑하는 얼굴을 못 보면
너의 내장이 비틀어지리니

네가 싫어하는 얼굴을 보아야 하면
너의 척추가 무너지리니

그러니 사랑을 좇아서 뛰지 말라
사랑은 증오를 낳으리니

네가 사랑도 안 하고
증오도 안 하면
너는 삶의 쇠사슬에서 해방되어

자유롭게 살리니라

내가 사랑을 없애고
증오도 없애면
나에겐 무엇이 남나요

무상의 성부님
무상의 성자님
무상의 성신님
지금도 영원히도 아멘

아 그러면?

죽음의 시체와 해골의 평화가
나와 함께 하시옵소서

하얀 페인트통에 빠진 개미

엄마, 썩은 나무 구멍에 하얀 페인트가 떨어져 들어갔는데
대학 방학 동안 우리 집 페인트칠을 해 주러 온 아들의 말
거기서 새까만 개미 한 마리가 나오려고 기를 썼어

그러더니 뒤로 홀딱 넘어졌어
다리를 막 뛰는 시늉을 했지
눈이 페인트칠이 됐고
그걸 닦아내려고 팔 하나를 눈 위로 움직였는데
그 팔이 머리에 붙었어
점심 먹으러 들어왔던 우리 아들
개미의 팔이 머리에 붙어버린걸 흉내 내며
팔 하나를 머리 위로 굽히고 발뒤꿈치를 올리고
눈부시게 흰 이를 보이며 웃는
꽃미남 현대 무용사처럼 남성미를 품어내는
나의 막내아들

그러더니, 엄마, 그 개미가 페인트에 붙어버린 팔을
떼어내려고 붙지 않은 팔을 올려 붙은 팔을 끌어당기려
했는데 맙소사, 그 팔조차도 페인트에 붙어버렸어
그러더니 발 두 개가 천천히 가만히 있고
결국 개미 몸 전체가 죽은 것 같았어.
아들은 계속 웃었고 나는 웃음을 얼려버렸다
나의 건강미로 번들거리는 막내아들을
어찌 영원한 인생을 살게 할 수 있을까
불가능 시 취소하고 재제작하는 자동차처럼

다시 시작할 수 있을까

곤충 심리학 I
아프리카 박쥐 벌레의 사랑

수컷의 불알은 바늘 끝같이 뽀죽하댄다
암컷을 찾을 땐
그녀의 지정된 접수구는 무시하고
말랑말랑한 배 한가운데를 꽉꽉 주사 쏘듯 한댄다

암컷은 상처를 안고
구석으로 기어가서
회복이 되고 알을 무사히 깔 때까지 숨어 산다

그런데 이 쌍들이 실험실 유리관 안에서 함께 관찰받을 때는
곧 암컷들이 몰살을 한댄다.
수컷을 피해 숨어 회복할 구석이 없어서
상대방의 컨디션이 걸레쪽이 되어도
쏴대는 수컷의 기승에
배가 만창이 되어 죽는댄다

왜 암컷의 배를 찌를까
거기서 혈관으로
수컷의 씨가 흘러 들어가 알을 생산하는 덴 지장이 없다 한다
어느 날 어느 숫놈이 "야, 더 재밌는 거 하나 알았다!" 하고
유행을 시켰다나.
암컷들이 생색을 내고 고분고분 안 해 주니까
"이년들 혼내 주자" 한 것이,
해 보니, 배에다 박으나 거기다 하나
파라다이스의 순간은 마찬가지였던가?

어느 햇빛의 광에서 쏟아져 나오는 빛의 홍수를
수컷들이 잘못 맞았나
검은 날개의 왕자에게서
물려받은 건가
수백만 운석들이 우주를 뼁뼁 돌다

수컷들의 뇌 속으로 튀어 들어가 훼방을 놓아서인가

결국 어떤 암컷 종류들은
좀 더 참을 만한 섹스를 위하여
특별 접수구를 배에다 장비했다
그렇지 못한 종류들은 오늘도
삶을 간신히 이어 간다

제2장

크리스마스 캑터스 Christmas Cactus

그 여자의 남편이
그 여자를 이렇게 부른다

햇빛과 바다가 손으로
빚어 놓았었던 그녀의 눈망울

웃으면 사람의 다리가
산토끼 것처럼 팔락이게

교복 블라우스 소매도
꿀 반 술 반의 묘미로 접어 입고
스커트가 그의 허벅지에 흘러 팔랑이는 바람에
밤새 남학생들이 담 너머로 휘파람 불곤 했지

지금, 그 눈꼬리에선 실밥 풀려나오고
눈 아랜 밤톨이 부어 있다
코 밑엔 수염이 엷지만 자신만만.

외식 나갈 때도 스레빠를 끈다

그녀의 썰물은
지평선에서 아련히

남자를 포기 못 하는
남자의 목 따는 소리가 파도를 탄다

이젠 이 책을 씹어먹자

　책을 읽는 법
　장조림같이 아껴서 조금씩 먹는다
　상추쌈같이 부엉이 볼 모양 빵빵히 해 가면서 먹는다
　전복죽같이. 뼈가 분가루가 되는 것 같이 쑤실 때 먹는다.
　미역국같이. 생일날에 한 번씩.
　굿 상에 놓는 산적같이. 신령님들이 다 잡수신 후에. 조심스레.
　미운 사람과 같은 상 받았을 때처럼. 넘어가지 않아 꾸역꾸역.
　나의 눈을 찔러도 사랑 분수가 터져 내 눈 멀어도 읽는다.
　『그리고 신은 시인을 창조했다』는 첫 번엔 낯선 개고기처럼
　손톱만큼씩 맛만 봤다.
　이젠 그걸 먹다가 체해서 고꾸라지더라도 먹자.

코비드 19야

코비드 19야, 고맙다

파고들게 해줘서 고맙다. 나의 속마음을
더 깊이 우려내고 그래서 더 푸르게.
나의 속마음을
더 질기고 녹슬어도 또 반짝거리게 하도록
나의 속마음을 채찍질해 줬고,
숨이 막힐 때, 바닥까지 심호흡하도록
내 속마음을
꿰뚫는 훈련 시켜줘 고맙다.
노랑, 빨강, 초록, 검은, 흰색, 오방색으로
나의 속마음을
뺑 돌려 꿰뚫어 놓아줘 삶의 진국을 맛보게 해줘 고맙다.
마스크 때문에 직접 뽀뽀 못 해도
자글자글 끓는 피부와 피부 알게 해 줘서,
나의 속마음을

사랑으로 부르르 떨게 일깨워줘서 고맙다.

가을 까만 기저귀의 계절

화려하다. 단풍,
바람한테서 암호를 받고 고개를 끄덕끄덕
금방 탄생한 아기의 혈관에서 콸콸 흐르는 피의 색깔
노란색.
애기똥풀색
봄에 목젖이 터져라 아리아를 불렀던 민들레꽃색
천고마비
말이 살찌는 계절
봄, 여름, 장마당으로, 처가 집으로, 마차 끌고 기차와 경주
땀 뻘뻘 흘리던 계절 지나 이젠 느릿느릿,
뒹굴고, 뜯어먹고 얻어먹고 털이 반짝반짝
봄을 기르느라 배가 불러온다.
푸른 것들의 뿌리와 사랑 게임하고 있는 흙.
촉촉하고, 까만 기저귀
유기농에서 사서 쓰는 캘리포니아 빨간 지렁이 아니더라도

보통 촌뜨기 지렁이여도 밤낮으로 싸 놓는 오줌, 똥, 까만 기저귀
　겨울 나는 뿌리들이 쏙쏙 빨아 먹는 영양제

가을

빨강,
노랑,
캐버네 포도주색
하늘의 색깔
콩쿠르 대회
키 큰 25미터 느티나무잎들
하늘을 야곰야곰 씹는다
태양의 매콤한 맛에 중독됐다
하루 종일 먹고, 마시고.
밤이 오면 별빛을 마신다 시원
하다

가방

가방,
4년 팬데믹
여행 못 했다
이제 비행기 타고 와오밍 간다

비싼 빅토리아 브랜드 가방은 없어도 큰 빨간 가방 어깨 위로 치켜 메면 하루 종일 그쪽 어깨가 뻐개진다. 어쩌나. 밤새워 낚시꾼의 조끼. 밤새 어느 지퍼 달린 포켓에 뭘 끼워 넣나: 현금, 면허증, 보험 카드, 공중버스 카드, 예방주사 카드, 공항 직원들이 빨리빨리 내놓으라는 대로 뒤에서 기다리는 60명 손님들 눈치 보며 빨리빨리 재깍재깍 꺼내 보여야 하는데 커다란 가방에서는 빨리빨리 꺼내기 힘들다.

결론:

지퍼가 열 개 달린 주머니 주렁주렁 카고 바지, 역시 주머니 많은 낚시꾼의 조끼. 그 많은 주머니에 넣을 것들 잃어버리면 큰일 나는 모든 서류, 카드 가방이 없어 홀가분한 몸.

가볍다. 야, 새가 됐다.

팔을 양쪽으로 짝 펴고 가끔가다가 머리 위로 횡횡 돌리고 비행기가 구름 위로 미끄럼질할 때는 주머니 거죽을 하나씩 하나씩 또닥거려 제대로 제자리에 잘 있는지 검색.

아, 홀가분해. 쌀이 다섯 되쯤 들어갈 만했던 핸드 가방 없으니 아가를 갓 난 독수리 암컷 된 기분, 야호! 진작 이렇게 날 것을.

한 달간의 여행 동안 돈 한 푼, 면허증, 신용카드 하나도 잃어버린 것 없다! 비행장 종업원들이 보여 달라는 대로 모두 다 재깍재깍 꺼내 보여주는 날렵함. 뒤에서 한숨을 쉬고 기다렸던 사람 한 명도 없었고 나의 귀중품 모든 걸 다 안전히 보존해 준 스물다섯 개의 주머니들.

나는 쪽빛으로 나를 물들이련다

쪽빛? 쪽제비 색깔? 가무스름하고 누르스름한 색? 아니다
쪽빛이 그리 천하면
춘향이의 이도령이 그 색 도포를 휘날리며
춘향이를 끌어안고 이리 둥실 저리 둥실 춤을 추었을고? 아이다 영 아이다
쪽빛은 얼마나 만들기 어려운지 아느냐?
그 빛 전문가 정관채 씨는 37년째 진정한 쪽빛을 만들어낸 후 중요 무형 문화재 115호 됨
정관채 쪽빛 발췌자는 쪽나물봉오리를 낫질하다 검지를 베어
떨어진 손가락을 얼음에 싸 들고 병원으로 달려가 수술 중 손톱이 다 남색인 걸 보고 의사가 손톱 밑에 염증이 있나 의심하더니
열 개 손톱을 다 빼버렸음
이렇게 피로 대가를 바친 귀한 자연 염색
춘향에게 활활 불탄 이몽룡 도령의 사랑

춘향에게 두 손이 다 없어지고 손톱이 안 남아도 춘향아
이렇게 보아도 내 사랑 저렇게 보아도 내 사랑
사랑 사랑 우리 사랑
쪽빛 도포 자락을 휘날리며 오신 이몽룡 도령님
나 쪽빛이 되어 그 도령 맞아 춤추리라

거미의 하루

유모형 거미Nursery Web Spider 수컷이
예비 배우자에게 접근할 때는
맛있는 벌레를 비단에 싸서 선물로 바친다.
그런데 내장이 잘못 꼬인 놈은
아무거나, 먹지 못할 씨앗 같은 걸
천연스레 비단에 싸서 아가씨에게 내민다.*

선물에 노글노글해진 그녀는 상대와
사랑의 춤을 시작한다.
그러다가, 아차, 헛 선물이구나,
깨달았을 때
그녀는 서슬이 시퍼레서, "중지!"를
엄포, 몸을 잽싸게 낚아 간다.

벼락 맞은 수컷의 살 한 토막
헉헉. 저림이 번져 온몸이 쥐어짜여 비틀리는 시간
다리는 엉거주춤

입 닫는 것도 잊었구려.

• 출처: "Wild Things," ("Caught in a Lie"), Smithsonian, January 2012, p. 5.

그 따뜻한 손이 말해 준 것

당신의 손은
서로 잊었거니 하고, 따로 산 긴 세월이 끝난 날
노르슴이 부어졌던 찻잔이었고

모닥불에서 갓 꺼낸 고구마의
조금 탄 껍질 옆의 맛이었고

하루가 조금 지나 딱 맞게
무르익은 몸 냄새*였고

말과 말이 충분히 비벼야만
훤해지는 혀의 터짐이었고

놓았을 때, 허공이 일직선으로
금을 내지 않았던가

놓았을 때, 그 손의 주인에게만

이로울 날들아

그의 이마에 성혼Stigmata으로

남아 그를 지켜주라

• 나폴레옹이 그의 여자 조세핀에게 쓴 편지에 '한 이틀 정도만 목욕하지 말고 기다려주오'라 했다 한다.

미끼

거미 수컷이 선물을 마련한다

똥파리 똥 부스러기 손에 꽉 쥔다

암컷한테 보여 준다

퇴짜 맞을까 겁나 암컷 뒷다리 쪽에서 슬렁슬렁

마침내 황홀한 사랑을 취한다
둘 다 정신을 잃을 정도

그런데 에구머니 이게 뭐냐? 맛
있는 파리 똥 부스러기

미끼인 줄 알았는데… 이게 뭔 토악질할 것이냐

이 개똥 같은 놈아!

있는 힘 다해서 수컷을 밀어젖혀 땅으로
떨어지게 내버린다.

이게 무슨 청천벼락이냐?
아이구, 아이구,

이 개똥보다 못한 것아. 꺼져라! 이게 미끼라고?
퉤, 퉤,
　암컷은 바람만 가득 찬 미끼를 뱉어 버린다
　얼굴에 똥칠한 수컷,
　미끼 한번 잘못 썼다 개망신당했네

꽃의 배후

배후? 6.25 전쟁 때엔 '빽'이었지
병아리가 '삐악' '삐악' '빽' 했었지

 빽이 없어 얼마나 궁상스럽고 금방 팩 쓸어져 죽을 것 같이 보였으면
 "울밑에 선 봉선화야"가 유행이어 우리 초등학생들 여섯 일곱 살짜리들이
 매일 불렀을꼬
 나중에야 죽기 직전이었던 봉선화가 한국을 의미한다는 걸 어느 애국자 선생님이 알려준 것 같다
 일본의 쥐어짜는 손아귀에서 숨 못 쉬어 간신히 숨을 모로 쉬었던 조선 나라의 우리들 배후가 뭔지도 모르고 어디서 찾는지도 왜정시대 아쌀했던 한국인들 봉선화가 간신히 찾아냈던 '배후'들은 겨우 우리 다섯, 여섯 살짜리 계집아이들 초등학생들이 손톱에 봉선화로 물들여 남자를 홀린 바로 그것들
 얼마나 하겠다고 봉선화의 배후가 된 우리 계집애들

밤낮으로 비 맞을까 눈 맞을까

어느 깡패가 오줌 싸 갈길까 엄마한테 동네 언니한테 애교떨어 물들여 달라고 애걸 봉선화의 배후로서 기껏 나는 하는 게 꽃봉오리를 짤라 종지에 넣고 망아찌어 건데기를 건져 뭉겨놓고 두 개 애기 손가락 손톱에 올리고 콩나무 잎으로 덮고 내가 잠자는 동안 떨어지지 말라고 나뭇잎하고 봉선화 꽃을 시로 칭칭 감고 매듭을 지었다.

밤새 잠을 푹 못 잤다. 예쁜 빨간색 봉선화 물감이 손에서 떨어져 나갈까 봐 색이 빨갛지 않고 희미하면 어찌 남자를 유혹할 수 있을꼬. 유혹에 성공하면? 다섯 살짜리 계집애와 일곱 살짜리 남학생이 할 수 있는 유혹 행동이란? 울밑에 서 있던 봉선화야 너의 배후에게 은혜 갚아야 한다 알겠지?

나는 믿는다

아래 다음과 같은 목록은 인간의 업적과 나이의 역사이다.

소포클레스Sophocles는 68세에『오이디푸스Oedipus』를 썼음

대니얼 디포Daniel Defoe는『로빈슨 크루소Robinson Crusoe』를 59세에 지음

칸트Kant는 57세에『순수 이성 비판』을 썼음

미켈란젤로Michelangelo Buonarroti가 베드로 성당의 수석 건축가로 임명(71세)

모세가 이스라엘 일족을 이집트에서 도말시킨 때(80세)

세계 사람들이 세계적으로 성공한 나이 60 내지 70세에 성공한 사람 수가 35%이다

70~80세는 23% 성공.

64%는 60세 이후에 세계적 성공.

토니 모리슨Toni Morrison이 『가장 푸른 눈The Bluest Eye』을 쓴 때는 1970년

에이미 탄Amy Tan이 『조이 럭 클럽The Joy Luck Club』을 쓴 때는 1989년

이 목록을 보고 나는 안심이 되었다.

80세 된 사람 중 세계적인 성공률이 23%라니.

80이 넘으면 가능성이 제로가 되지는 않는다, 라는 결론에 나는 다시 도전한다 나는 믿는다

노년기

노년기야, 너무 빨리 허둥지둥 뛰어 나한테로 뛰어오지 마라

때가 되면 오라. 양쪽에서 기다리던 애인들처럼 팔을 활짝 펴고

서로를 향해 뛰자. 미친 나의 첫 애기가 나한테서 쏟아져나오던 날

하늘이 아끼고 아끼어 두었던 미소Bravis를 마침내 웃던 날이었지

넌 영롱한 봄이슬 구슬로 만들어진 화관을 쓰고 나를 올려다보고

웃었지. 하늘의 미소 브라비스처럼

만난 적도 없고 알지도 못하는 독자들이 사랑하고 존경하는 작가를 향해

태평양을 뛰어넘어 책으로부터 쏟아져 나오는 영혼의 문학의 피를 수혈받듯이

그리고 다른 독자들에게 수혈을 해 주던 날 평생 기다렸던 애인들처럼 가슴

안으로 뛰어들읍시다. 나의 애인 노년기여.

말라비틀어지고
이름 없는 선인장 한 조각

그럴 줄 알았다.
정성 들여 키우던 선인장이 곤죽이 될 줄
사방이 다 창으로 된 발코니
비바람은 들여 치지는 않으나 얼어 죽을 수는 있었다

십이월이고 다섯 주 동안 우리의 외출
햇빛이 창문을 관통하고 있으니
살겠지, 그냥 거기에 두고 나갔다
돌아와 보니 아니나 다를까
아마존 정글의 푸른 색깔이었던
선인장 손가락들이 팥죽처럼 물컹물컹

용서해 줘. 응? 용서해 줘.
죽은 줄기 가위로 자른다
오, 이럴 수가!
정신이상이 된 수녀가 중얼거린다.

한순간, 깜짝 놀라 가위질을 멈춘다
싱싱한 작은 여린 몸, 누런 가지들 밑에서 제 몸 밀어 올리고 있다
경각에 달린 몸뚱이를 빗나간 가위가 아슬하다

양파 껍질 누렇게 바삭바삭 말라죽은 어미 줄기에
연결된 저 가는 탯줄,
뿌리가 마지막 끌어올린 물 한 방울
제 몸 쥐어짜고 있다

화분 안 가득 죽은 팔다리 속 한가운데
죽음 이기고 천국을 가슴 안에 안았다

제3장

문고리

그는 여름에 모시 윗도리에 바지 입기를 좋아했다.
바짓가랑이는 발목 바로 위쯤에서 찔끈 매져 있다.
그 밑으로 보이는 거무틱틱하고 푸르스름한 멍.
아홉 살 때 어머니가 그를 절에 맡기셔서 그날부터
아침저녁으로 불당 한가운데 앉아 경전을 배우고
낭송하고 백배 절을 올리고.
끼니때를 빼고는 엄격히 지킨 경전 외우기.
무릎을 꾸는 시간 이외에는 양반다리 몇 시간씩.
방석은 손님들만 사용 허락이다.
법당 안팎으로 한지 문에 달린 문고리들. 동, 철, 나무
재료로 화려한 나비, 목련들 문양으로 부처님에게
절을 수천 번. 아주 색이 바랜 얇은 청색 문고리.
부엌 쪽에 나의 잠자리 방. 영원으로 이어진 거미줄 같은
  무엇이 그 문고리에서 슬슬 풀려나와 멍든 복사뼈를 스르르
  지나 새까맣게 완벽한 그의 꿈속을 통해 영원이라는

곳으로

   가곤 했다. 스물여덟에 절을 떠났고 몇 년 후 혼례도 올렸다.

   나의 수양 형부였다. 그 바래고 바랬어도 아직도 완연한 쪽빛*의 멍.

• 제주도 이음새 농장: 농장 주변으로는 염료로 쓰이는 천연 재료 쪽(식물)과 감나무, 마리골드, 들국화, 상수리나무, 예덕나무, 회화나무, 귤나무 등 식물을 직접 재배하고 있다.

싸인

싸인이 붙었다
우리 집 판매 광고 싸인이 앞마당 흙을 뚫고 치솟아 올랐다
삼 년 전 이사 왔을 때
오 년 더 살 거냐?
나의 마지막 10년?
10년이면 강산이 변한다는 세월
그렇게 예측했던 삼 년
이제 240여 명이 사는 실버타운의 건물로 들어간다
가슴 두근거리게 하는
청색의 퓨젯 싸운드 태평양 한 자락 소금물이
우리의 눈을 마음을 유혹할
그 청푸른 바다가
눈을 돌리는 창밖마다 싸인을 보낼거다
우리를 이리로 인도하시는 하나님께선
어떤 싸인을 주시려나?
비영리 사업체로 명함에도 이메일 주소에도

"Human Good, 인간성 인간애"가 싸인 간판처럼 붙어 다닌다

    네가 인간애를 마음껏 표시하고
    행동으로 옮기는 기회로
    방이 부엌이 식당이 휴게실이
    운동하는 방에도 꽉 차도록 서로 노력하여라

    그 말씀,
    당신이 광고판처럼 크게 정문에 구석구석에 다 붙여 놓으셨군요
    알겠습니다
    하나님의 싸인 받아들이며
    서로 행복하게 살도록 있는 힘 다해야지
    싸인이 깃발처럼 흔들린다

잠에서 깨(어)나는 방법

구십 노인 교수. 검은 연 수백 개 띄(우)는 경쟁을 하다가 눈을 뜬다.

(검은 연 수백 개 제 몸에 묶어 날리다가 소스라치도록 곤두박질한다)

눈 뜨자 들리는 소리. 담장 밖에 대형 버스 곤두박질. 그때마다 선반 그릇들 오줌 눈 후처럼 턴다.

나이 먹은 여인. 깨자 실눈으로 햇빛 씻고 벌이 쏜 두뇌로 존재를 쪼아 먹고 시를 낳으려 한다.

전자로 깡통 따는 기계 하늘 다섯 조각을 도려낸다.

갓난아기. 우에 우에. 배가 뼈를 향해 울어 젖힌다.

시루에서 자라는 콩나물 언제 국이 되나.

코끼리 새끼 젖 찾아 이리저리 입을 쭈물쭈물. 엄마를 깨운다.

칼리스토Callisto 아르카디아Arcadia의 공주. 유부남인 제우스와의 사이에서 아들 알카스Arcas를 낳는다.

제우스의 와이프 헤라가 질투로 눈멀어 칼리스토를 흰 곰으로 만든다.

엄마 잃은 알카스. 동네 사람 손에서 자라 사냥 나간다. 산속에서 아들보고 팔 펴고 뛰는 칼리스토.

엄마인 줄 모르고 활을 쏜다. 그 순간 제우스가 막아 둘 다 살려 하늘로 보낸다.

큰 곰, 작은 곰 별 되어 그네 타고 밤새 웃는다. 아침에 깰 필요 없다. 행복으로 잠 안 오니.

뼈가 뼈에게 주는 존재를 여인이 시로 깨운다.

오늘까지 우크라이나에서 죽은 어린이들 백사십팔 명. 깨어나는 걸 잊었다.

뼈가 아무리 깨라고 해도 못 듣고 심장이. 심장이.

백사십 명 아기들. 칼리스토하고 알카스의 무릎에 얼굴 파묻어라.

깡통 따기 기계가 톱니처럼 돌려 따놓은 하늘 조각들. 뾰족한 모탱이가 우크라이나를 짓이기어도

곰이 되고 시가 되어 뼈가 뼈에게 주는 존재가 등을 긁어 주는 대로

잠들라. 아침엔 북극 칠성이 부는 피리 소리에 깨어

웃고 춤추라.
 자기 뺨을 때린 교수님 오시면 존재보고 등 긁어 드리라고 해라.

자살하는 나무 Tahina Spectabilis

마다가스카Madagascar에서 사는 야자수
그들의 종류는 170종도 넘대.
그중에 하나
타히나 스펙타빌리스란 이름의 나무만
드라마틱한 죽음을 택한다.

60피트(18미터)가 되는 나무의 키,
이집트 조세르Djoser에 있는 피라미드만큼 거대하다.
잎사귀의 직경은 16피트(4.8미터)
커다란 거실 만하지 않은가

다른 나무들은 매년 꽃을 피우는데
타히나만은 일생에 한 번만 피운다
그 생명의 날을 위에 50년을
어마어마한 키를 키워야 했고
입이 딱 벌어지게 큰 잎사귀들을 빚어야 한다.

남보다 태양을 백배 흡수하려면
얼마나 똥끝이 타도록 애를 써야 할까
핏빛으로 쏟아져 대는 태양 아래서
쫙쫙 갈라진 땅에서 수분을
빨아올려 쿨컥쿨컥 마실 정도로 하려면
얼마나 열을 소모해야 할까
거기서 영양분까지
울거내기란
아, 얼마나 포기하고 싶었을까

그런데, 어느 해, 어느 날, 아!
수천 개의 꽃을 피웠다

그 후 몇 달 안에 그는 바스러져
먼지로 돌아간다

저녁의 무렵

 해가 벌겋게 되고 술 취한 할아버지의 얼굴처럼 시뻘게지는 때 엄마와 할머니가 물을 입에 물고 다림질해야 하는 흰 바지저고리에 뿜듯이 하늘에 해가 뿜어 하늘이 벌게질 때를 예쁘다거나 멋있다고 나는 생각해 본 적 없다 황혼의 바다와 하늘을 숭배해서 그림 그리는 예술가가 허다한데 나는 왜 벌건 하늘이 보기 싫을까 보고 싶었던 친구, 오빠, 엄마의 조카딸 다 멀어.
 저 회색으로 되는 시간. 싫다. 외로움이 귀뿌리를 살살 건드리는 시간 남편은 황혼이 예쁘다고 커튼을 닫지 못하게 한다. 왜 벌건 하늘을 타 알밤을 달게 주워 먹듯이 좋아할까. 벌겋게 술 취해서 휘청거리는 황혼의 모습 내 앞에 나타나지 말라.

달걀에 대한 명상

무르익어 쳐다보기만 해도 홍시의 단물이 줄줄 새어 나올 것 같은 오후의 햇살 속으로 남편과 산책을 나섰다. 푸른 바다가 차도 건너에서 새파랗게 누워 구르고 있다. 그런데 황혼의 해가 서쪽에서 올라오자 해는 파란 문에다 철석 던져 한 조각이 된 달걀을 바다 위에 철석 던져 둥근 한가운데 부분은 납작해진 달걀 양쪽으로 날개를 내어 길게 부리처럼 뻗어 나가게 한 모양 던져진 달걀 물 위에서 노랗게 반짝였다 그것을 보고 김성교 시인님의 시 한 줄이 생각났다. 수십 개 파도 위로 반짝이는 수십 개의 "어느 빛"을 "수제비를 띄었다"라고 표현했다. 오늘 내가 보고 있는 물에 떨어져 퍼져나가는 달걀 모양은 수제비보다는 커서 프라이팬에서 후라이된 달걀 모양이었고 양쪽으로 흐르는 달걀은 두 개의 팔 같았다. 가운데 부분은 좀 두껍고 둥그러서 햇빛이 후라이 된 달걀을 일렁이는 바닷물 위에 쳤던 거다. 가운데 부분은 점점 두꺼워가서 마치 해가 바닷물을 임신시켜 가운데가 점점 두꺼워가고 있는 것 같았다. 바다가 잉태하는 순간을 본 것이다. 수십 마리의 물고기를 물에 임신시킨 수간. 아, 이 숭배스런 시간. 신비함으로 번쩍이는 물의 굼실거리는 표면. 무릎이 저절로 서서히 땅으로 굽어져 숭배의 절이라도 하려는 듯했다.

삐쭉 마른 손

까치걸음 깡충거리던 유치원생 때도,
허리 능청거리며 걷는 총각의 눈에
콱 박혀야 할 열아홉 살 때도
내 손, 통통하고 야들야들 해본 적 없다
죽어 뻗은 새 발같이 앙상했다
고맙네. 볼품없다 못해 오히려 멋있네

피부가 양파 껍질같이 바삭이는 지금
엑스레이 사진 같이 훤히 드러난 뼈마디들
수시로 거울처럼 눈앞에 올려보고
그 뼈와 짝 맞는 나의 해골의 곡선을 그려 본다
갓 씻어 놓은 밥사발처럼 깨끗하고 매끌한
나의 두통, 하얀 농구공 같다.
퀴퀴하게 젖은 흙을 이불로 휘휘 감고 땅속에 누워 있는 나를
미리 보게 해줘 고맙네. 그 손 보기 흉하다 못해 멋있네

애들 쑥쑥 빼내 놓던 나의 엉덩이
그 가까이에 느스근히 놓여있을 손가락뼈들
미리 보여줘서 고맙네. 보기 싫다 못해 아예 멋있네.

내 젖 마실 땐 향기롭던 내 아기의 똥
어른 음식 먹으면서 지독해진 냄새에
코 찡그리며 기저귀 갈아주던 시절의 이 손
고맙네. 핏줄이 지렁이 같아 아예 멋있네

너와 노고산을 오르내리던 그 시절의 이 손
나의 살과 내장이 뭉그러져서
그걸 야금야금 먹고 통통해진 구더기들조차 가버린 후에도
손뼈 열 개로 기억해 줄게. 서강 친구야.

을지로 입구 지하철역

시멘트 벤치에
주글주글 구겨 앉은 열대여섯 명의 자들
눈곱색의 운동복이
그들의 몸에 후엉 엎어져 있다
단발의 여자 홍일점이다

그들을 가운데 두고 강강술래 하듯
지하철 탑승객들이 하이힐 소리로
넥타이 조매고, 컴퓨터 가방 달랑이며
뱅뱅 돌아 사라진다

종이 상자 껍질로 된 요 위로 안방마님처럼 뻗은
그 여자의 종아리 통통하다
휘어 굽힌 목과는 엉뚱한 분홍 덧버선
그는 자신의 종아리와 대화를 계속 주고받는다

봉사원들의 손에서

후루룩 마실 국수의 시간
땅거미 지구 뱃속으로
기어들어 간 저녁 아홉 시 둥근 행렬로
취업 면접이라도 기다리듯이 선 서른
여명으로 늘어난 줄

위에선, 롯데호텔에서
사우디아라비아 재벌들의 흰 두루마기가 까만 리모로
들락날락이며 휘날린다
호텔 커피숍, 샌드위치: 만팔천 원
망고 주스: 만사천 원 냉차 한잔: 만이천 원
아래의 공짜 국수
누울 콘크리트 자리는 눈먼 이가
꿈에서 누빈 요인가
잘 곳은 신문지 먹을 건 공짜 국수
그들의 운명은 양반의 손이 건네준
사약 대신 마신 잔이었나

못 갚을 병원비에서 흐른 고름인가
현대 미술이 혀끝으로 밀어낸 떨떠름함인가
그냥 그러다 보니인가
그들의 정액은 어느 순간에 말랐을까?
누가 그랬대나?

푸른 동의어語

한국 문학지 문학나무의 주필 황충상 시인님의
스마트픽션 책 『푸른 돌의 말』에서는
일반적인
형용사의 꼬리를

자주스럽게 붙인다 예를 들면 "똑똑스럽다"이다

여기에서 괴상스러운 표현을 사용해서
'자존심'을 체변스럽게 만들기도 한다
적당한 정도의 자존심은 그 주인에게 이롭습니다
그 정도가 지나치어 출렁출렁스러워지면 파도가
그 주인의 키를 훨씬 넘어가 풍덩스러워지면
아뿔싸 그 사람은 어디로? 철석철석스러운 파도와
휭휭스러운 폭풍 속에서
아이구스러운 "사람살리쇼"가 고요스러워진다

모서리를 읽다

리 리 리자로 끝나는 말은
모서리 고사리 돗자리

모 서 리, 참 예쁜 소리를 내게 하는 말이다. 모 서 리 모음이 세 개 나란히 어깨동무하고 모음이 짧지도 않고 긴 모음들이다

첫 십 년 동안엔 당신은
모서리 없는 몽돌이었오
몽실몽실
사방이 둥글둥글 반들반들 매끌매끌
달콤달콤

이십 년째 들어섰을 때 이게 뭐냐 이 모서리도 불퉁 저기도 울퉁 여기도 까실 저기도 까실
덜컹덜컹 모서리들이 서로 치고받고

침대에서 나왔느냐
좀 짰던 파스타에서 기어 나왔느냐
아니오 아니오 늙은 뇌세포들이 자빠져서
기운 차리는 중이었오?

이젠 모서리가 고슴도치의 가시처럼 사방으로 뻗쳐 어찌 수습할지 자연히 치켜 올려지는 내 눈빛 하늘나라로 거기 계신 분 자비롭게 당신의 눈빛으로 우리의 모서리들이 서서히 하늘 닮은 푸른 감나무 잎 되어 가을 바람의 연주에 흥 나 산들거리게 해 주소서.

큰딸의 냄새

큰딸하고 8세 손자가 하룻밤 자고 갔다
유기농하는 벨링햄 저희들 집에 간 후에도 그 방에서
큰딸 냄새가 난다.
더 맡고픈 향기
향기라기엔 향수에는 근처에도 안 가는 그 아이
피부의 숨구멍들이 남몰래 숨기는 냄새
희디흰 피부 그 뺨에 입술을 댈 때 연분홍색 있던가 아닌가
그 냄새 그리워 잠자기 전 한 번 더 그 방에
아침 해가 그 애가 덮었던 이불을 성가시게 굴 때
큰딸의 몸의 체온을 고스란히 담고 있는 이불에 손을 넣어
살짝
들어올려 내 코에 댄다. 그 냄새 그 애의 유기농에서
묻어온 건가
햇빛이 꽉 잡고 절인 케일의 검초록 내음인가
한창 무르익는 중의

뻿지들이 지나가는 바람에 훅하고 숨을 내쉬어

뿌려준 것이 딸의 머리칼 사이에 숨었나

소나무가 깜빡 조는 동안 떨어진 송진 한 방울 냄새

딸이 설거지하는 동안에 떨어뜨려 딸의 운동화 바닥에 붙었나

아무튼 난 그걸 맡으러 그 방으로, 그 이불을

내 코에 가까이, 아니 정원을 빡빡거리며 통치하는 암탉 수탉

아니다 걔네들 아니다 그놈들이 사랑해서 낳은 달걀은

특별히 고소하다

딸의 냄새 방에서 방으로 돌아다니며 숨바꼭질하는 한 줌의 공기

우리 딸의 이불은 가만두거라. 내 코에 가까이해야 나는 그 냄새

호흡을 크게 해서 겨우 한 움큼 내 안에 담고

다음에 그 방 들어갈 때까지 가만두어라

나의 길 위에서 2024년

내 평생 동안
살점이 베어나가는 듯이,
까무러치게
아픈 날들을
사시는 분들을
보면서 살았다
내 살도
소고기 안심을 써는
칼로 베는 것 같이
그렇게 아팠었다.
내 남자 쌍둥이는 기르고

나는 버렸던 생부모
그래서 나는 심리 상담소에서 평생
살이 잘리듯 껌뻑 넘어가기 직전의
사람들을 살려주는 상담소 심리학자가
되려고 대학원 코스를 와오밍 대학에서 택했다. 그

것이 나의 길
　그런데 한 뉴욕 작가가 나를 꽉 깨물었다
　넌 소설을 써야 해. 너를 버린 생부모 가만둘 거야?
　상담소는 너를 기다리겠지만
　네가 써야 하는 소설은 기다려주지 않아!

낭과 패가 아니다

  너는 왜 파이톤 뱀, 지렁이, 발 없는 동물들을 그리 무서워 오줌을 지리니?
  예수님이 물으신다. 나의 부엌 식탁에 앉으셔서.

  와오밍 하늘, 그 유명 브랜드 파란색 쏟아 붓는다. 그분의 수염 한칼마다 뚜렷 뚜렷. 왜 나는 뭐 좀 드시겠어요, 라고 못 했을까.

  발이 없는 짐승은 다 소름이 끼쳐요. 왜 하필 그런 걸 창조하셨어요?
  저를 괴롭히려는 것 분명하잖아요.

  날 믿는다고 했지? 넌 원숭이 엉덩이 빨간색 거짓말쟁이다.
  믿으면 무서움 없고 무서우면 믿음 없다. 피에다 꽂아둬.

믿음과 공포는 발이 하나씩만 있는 낭하고 패가 아닌 거 안다고 너 매일 거짓말하잖어.

둘이 붙들고 인생을 쩔뚝거리는 것 지옥 밖에 못 간다고 얼굴이 빨갛게 설명해주시는 동안

그분 뒤 창밖으로 언덕 보인다. 가파르다. 양 떼가 곰실곰실.

한 마리가 발을 잘못 디뎠는지 거꾸로 댕굴댕굴.

다신 나를 믿는다고 지껄이지 말어.

양 똥내가 너한테서 풀풀 난다. 그래도 차 한 잔 마시자.

별안간 휩쓰는 바람에 목자의 모자 줄행랑이다. 그걸 잡으러 뛴다.

양 떼들 흩어진다. 한 마리는 낭떠러지로.

죽을 놈의 뱀들은 그렇다 치고 한 손에 총

열 개를 한꺼번에 들고 탕탕탕. 사람이 고무풍선처럼 터지는 걸 보고
　웃어 젖히는 건

　왜 내버려 두세요? 가슴이 노란 짠무지 토막이 되셨나요?

　쎄이지 차를 끓여 가지고 돌아오니 그분은 안 계셨다.

아버지의 등

아―버――지―― 아 아 아 버 버 버 지 지 지

나는 백일도 안된 애기입니다

엄마의 젖꼭지를 찾을 땐

코를 요리조리 쿵쿵거리며

고개를 이리로 저리로

그렇게 해서 결국 빨게 되는

엄마의 젖꼭지 아버지는 어디에?

나와 쌍둥이로 만주에서 태어난 놈은 엄마와 아빠가

키우고 나는 서울 가는 기차에 어떤 할아버지의 팔에

안겨

서울로 떠났다 한다.

아버지는 깽깽 마른 살 한 점 안 붙은 남자여서

그 아버지의 등은 등뼈로 울퉁불퉁

서울에 도착하니 양아버지의 품 안에 들어갔다

아 아 좋다 살이 찐 양아버지 등에 처음으로

말타기했다. 포실포실한 등 아, 여기서 한잠 자자

엄마하고 아빠하고 백일도 안된 나를 버리길 잘했다

제4장

신년시 2023

토끼해에 탄생될 여자 태아에게 부치는 글:
계수나무 밑에서 방아 찧는 토끼와 가을 코스모스밭

오천여 년 전부터 띠의 의미 고정되어왔다.
2023년은 토끼: 머리가 번쩍이고.
동서남북, 적응 살살. 친절, 예의 곰실곰실 누가 그런 딸, 며느리 마다하랴.

돌아오는 해가 말띠였다면, 남아선호사상 기승부리던 시대에 긁어 내쳐진 여자 태아들 일 년 30,000명 (1990년)* 이젠
전통을 때려 부순 젊은 세대의 낙태 수 무시할 정도.
1퍼센트라도 남아 있다면 매년 300명. 긁어냄 가슴에 안는 여자 태아들.

달에 선 계수나무 밑에서 방아 찧는 토끼야,
남아선호사상을 콩콩콩 가루로 빻아 가을바람에 태

워 보내라.

    그 바람 한강가 산책길. 목이 부러질 듯 가늘어 슬픈 코스모스밭 속으로 솔솔 불다가 여자 아가의 첫 울음소리들이 삼천만 리 강산 뒤흔들 때

    나의 쌍둥이 오빠는 기르고 나를 버린 생모에게 에밀레, 에밀레를 그치고 계수나무에게로 날으리.

    여자 태아들을 잡아먹던 호랑이해, 아직도 조금 그랬을 2022

    그보다 더 많이 처리해 버리던 말띠 해, 2026에 다가온다.

    그사이에 낀 사 년 동안, 아가들아, 시원한 숨을 달에 서서 휘둘르자꾸나.

• 출처: Policy research paper 4373, The World Bank Development Research Group, Human Development and Public Services Team, 10/2007 (Woojin Chung and Monica Das Gupta), "Trends in the Sex Ratio at Birth and the Total Fertility Rate, South Korea, 1970—2005).

초등학교 시절의 불알친구여

 날 보고 왜 갑자기 모델을 서달래지?

 옷도 입지 말고 심장병 앓는 쥐의 색, 그런 숄 같은걸
 어깨에서 휘둘러 엉덩이를 대강 둘러싸고 옹그리고
앉으라고?
 잔디 깔린 언덕도 아니고 털실 꼬트라지 같은
 뭐가 뒤덤벅이 된 땅에 나무라는 것도 잎도 없고 땅
을 덮고 있는
 털부수레기하고 똑같은 털 껍질을 뒤집어쓴 나무
 두 팔로 안으면 팔 안에 꼭 칠백 년 된 나무의 허리통
 그 우람스러운 허리통에 좀 기대면 좋으련만 떨어져
동그마니 앉으라고?

 언덕 아랜 백제
 삼천 궁녀들이 낙화암에서 백마강으로 몸을 던졌던
 그런 경치도 내려다볼 게 없고 하늘에 코 삐뚤어진
새 한 마리 없고

이런 허허벌판에서 엉덩이뼈가 쑤셔올 때까지 모델을 하라고?
이순신 장군이니 나폴레옹이니 뻐까뻐까한 장군 복장의 인물들 그려서

돈 꽤나 벌더니 인젠 거지나 병원에서 도주한 환자 모양을 그린다고?
얼굴도 돌려 남잔지 여자도 모르게?
미국 엘에이에서
수십 수백 명 시 수필가들에게 강의하는 이윤홍 평론가에게 이 그림과 이 시를 보내어 그림값으로 돈 좀 벌면 나한테도 한몫 주라. 네 덕 좀 보자, 이 불알친구 놈아

그대의 유품, 그 말이 나를 살해했다

당신의 손가락, 매듭이 크고 거센 그 손
클린트 이스트우드 서부 영화 남자 주인공
총을 빨리 연달아 쏴 적을 쓰러뜨린
거칠게 뭉쳐 있던 그대의 손에 키스
또 하나에 키스.
더해도 또 더해도 또 하고 싶어
화학 공업 회사, 플라스틱 만드는 공장에서 화학자로
일하던 화학 전공인 당신
어찌 그리 존 싱John Millington Synge 영국 시인의 시를
줄줄 외워 낭송을 하셨오?

나의 마음을 알아내 가로채 갈
셈이었죠.
아니 화학 기사가 어찌 그리 바흐와 베토벤의 월광곡
에 그리 미칠 수 있었오?
영문학을 하고 시를 쓰는 나에겐
그대가 나의 로쌍 반지같이 짝 맞는 평생의 애인

당신의 클린트 이스트의 거친 손가락 마디 같은,
거친 손마디에 쪽, 고 옆 마디에 쪽쪽, 아 달콤해
당신의 왼쪽 손, 아직 없는 결혼 반지 낄 손가락에 쪼옥, 또 쪼옥.
아 맛있다.
그대의 깊은 눈. 수염, 다 멋있어. 코 밑 수염에 쪼옥. 저쪽도 쪼옥. 아, 아,

어찌 이래 맛있는고
나는 상상 속에서 우리가 신랑 색시로 결혼식장 웨딩마치에 맞추어 성당을 굽어보시는 예수님 앞으로 춤 반 걷기 반으로 다가가는 장면을 그렸오.
그러던 어느 날 그대가 남겨준 유품. 그건 일곱 개의 단어였오.
나는 평생 미혼남으로 살 거요. 그 말 하나하나가 달만큼 큰 쇳덩어리가 되어 쇠줄에 매달려 내 심장을 쳤오.
나는 나하고 그렇게 맹세했오. 맹세. 맹세. 아. 아. 나

는 성당 바닥에 쿵 하고 쓰러졌오.

예수님. 저 쇳덩어리를 또, 또, 또, 또, 내리쳐주시옵소서.

이젠 저의 목숨을 거두어 가 주십시요, 예수님, 천주님.

저의 인생을 시작하셨고 이젠 끝마쳐주시는 분.

시작과 끝을 하나로 묶으셔서 천주님의 따뜻한 손바닥에 놓으시고 있는 힘을 다하셔서 저를 부수어 주시옵소서.

저 사람이 없이는 저는 살 수 없는 것 아시지요? 그 사람의 유품, 일곱 개 단어 빗자루로 쓸어 올려 성당 마당에 뿌려주시옵소서.

이제 일어날 기운도 없는 저를 부축해 예수님 가시는 발자국 하나하나에 저의 발을 떼 놓도록 부축해 주시옵소서. 아멘

늙음

그렇게 빨리 달려오진 말어주오.
농익은 시간이 되면 뛰어와 만납시다. 거꾸로 선 무지개 '하늘의 미소' 띤 애인들처럼.
첫 아기가 봄 빗방울 왕관을 쓰고 내게서 쏟아져 나왔을 때처럼.
저자에겐 꿈에도 안 보이는 독자들이 바다를 건너 누구와 영혼의 피를 교환하듯이.
백 세 노인들이 우주 비행사들의 둥둥 뜨는 걸음으로 달에서 나의 혈관으로 들어오듯이.

흙탕물 튀기며 밤새도록 달려오는 버스처럼 당신을 만나겠오
기다려 주시오. 엄마가 나를 기다렸듯이. 밤길 혼자 걷게 안 하신 분.
약국 전깃불을 등 뒤로 길가에 꼬부리고 앉아 기다리셨오. 하이힐 신은 나와 컴컴한
골목길 조심조심, 텅 빈 공사장을 가로지르며.

일생 동안 칠천 번을 벗겨버렸던 내 피부로 된 커튼을 살짝 열고 만납시다. 애인들처럼.
 내 뼈를 갈아가며 몰두했던 꿈들에서 짜낸 꿀 항아리를 안고 오겠오.

봄 여름 가을 겨울 그리고 봄
영화 제목에서 사월을 뺀다면

〈봄 여름 가을 겨울 그리고 봄〉 영화 제목에서 사월을 제거한다면?

봄의 한가운데 토막에서 사월을 빼어보자.

문학나무 문예지의 주필 황충상 시인은
불교적 수필 작가고 신문에 흔히 기고했다.
그 글들을 모아 『푸른 돌의 말』 스마트 소설집을 출판.

푸른 돌에게 물어보자. 봄에서 사월을 빼면?
푸른 돌은 형용사에 이상한 끝 붙이기를 좋아한다. 예를 들면,

"똑똑스럽다." 봄에는 특히 소리 내는 짐승들이 저마다 경쟁을 해 소란스럽다. 모른다 나무는 갑자기 벙어리스러워진다.

사월이면 뻐꾸기가 목소리가 있는지 모르다가 갑자

기 뻐꾹뻐꾹스러워진다

　달이 술 취해 낮엔 해가 술 취해 벚꽃나무 가지들이 주정스러워진다.

　그 주정을 견딜 수 없어 매끌한 나뭇가지들이 갑자기 뽕뽕스럽게 가지에 구멍을 낸다
　그 구멍 안에서 붓꽃 잎 아직 안된 아기들이 하품스럽게 기지개를 편다. 그 굴속에서 꽃잎들이 분홍스럽다.

　그래 세상에 나가보자. 꽃방울들이 백 개 천 개 하나씩 기지개스러워진다. 사월이 끝날 땐 수백 개 나뭇가지가 분홍스럽다. 부끄러워서 조용스럽게 고개를 숙인다.

손으로 걷는 사람들Hand Walkers

〈손으로 걷는 사람들〉이라는 제목의 티비 다큐멘터리를 본 적이 있다
어느 여자가 치마를 입고 수염을 달고 있다
몸 전체에 털이 눈에 띄게 덮여 있었지만 분명히
원숭이가 아니고 여자였다
남편은 오슈카쉬 멜빵이 달린 긴바지를 입고
딸은 머리를 땋았고 아들은 머리가 독수리 둥지 같다
잠깐 동안 다리로 걷는 걸 보여주더니
금방 다리를 꺾고 십분 안으로 원숭이식으로 팔과 손으로 걷는다
여자의 파란 스커트에 하얀 꽃무늬가 땅이 질질 끌려
흰색이 그들의 손톱 밑에 낀 흙색이된다

손으로 걷는 게 더 쉽다, 라고 그들이 하는 말
그들의 골격이 손으로 걷는 게 쉽게 되어 있다 란다

한국 사람은 55세에 정년퇴직된 경우가 천만 명

소수는 계속 걷기를 계속, 어떤 이는 새로 사업을 차리고

  손으로 걸으면서 자손들을 위해 손으로 걷는 활동 노력을 한다 그러다가

  뒷다리 힘줄이 끊어지는 경우가 많지만 골격은 피해를 받지 않는다

  외부로부터 애원이 계속 쏟아진다.

  "노련하신 골격을 쉬십시오."

  그러한 밖으로부터의 의견과 자기 자신의 의견이 노령화Old Age Flower

  To Bloom 아 난 늙고 힘이 삐졌어. 늙은 뼈를 쉬는 건 참 힘든 일이네

  손자들 봐주는 것만 해도 힘이 다 빠지네

  아무것도 안 하는 일이 힘들어 죽겠네

바다의 견우직녀 Oval Butterfly Fish
―이들은 하와이에서만 산다.

달걀형의 몸매.
연보라 바탕에
레몬색 모시
두루마기 살짝 둘러 입고,
그 위에 연보라로
열댓 개 줄을 가로로 쫙쫙 그었구려.

새까만 율무 알 눈.
사람의 아이가 그렇게 또랑또랑한 눈을 가졌다면
여섯 달도 안 되어 발을 떼고
한 살 좀 넘어 삼 개 국어로 종알거린다네.
그런데 당신들 눈이 가짜라니!

진짜는 얼굴 반대쪽에 까만 줄 속에
숨겨 놓았네. 침략자가 왱왱 돌면서
당신들의 눈의 위치를 재서
당신의 도피 방향을 예측하고 확 덤빌 땐

이미 도망갔구려.

그리 총명해서 백년해로도 하시는가?
유부남은 홀아비보다 장수한다고?
아니면 사랑 때문이신가? 오늘도 부부 동반.
함께하는 평생 동굴 암흑 속에서도
그런 사랑 말라 비틀어 버리지 않을 수 있다고.

캘리포니아 주민들이 요강을 사용하면?

물, 물, 물,
물이 천지인데 한 모금도 마실 물은 없어 목이 타 수천 명이 죽다

이 글을 시로 쓴
영국의 유명 작가의 이름은?

캘리포니아의 유명한 파라다이스 새들 산불의 빨간 헛바닥에 타서 새까만 파라다이스의 새가 되다. 어느 여인이
제라니움 꽃을 화분째 깨트려 버렸단다. 그러든지 아니면 물 모자라 훨훨 타는 지붕 아래에서 타 죽어야 하니까.

7천만 인간들 중에 팔십 노인들은 일생 동안에 요강을 사용했었다고 할 거다. 나도 그랬다.
정후 십, 이십 년 동안. 또 그러면 어때서? 16온스짜

리 플라스틱 요구르트 통이 요강으로 쓰기 적당하잖은 가 그것으로 받은 소변은 욕조 물 내려가는 구멍에 쏟아 버리고 한 컵 정도의 물도 쏟아 소변을 제거한다 이 임시 '요강'은 재활용 목적으로 물 내려가는 구멍에 거꾸로 놓는다

    이렇게 해서 화장실로 물을 내려가게 하지 않을 때마다 쓰지 않은 물의 양은 1.6
    갤런. 하루에 여섯 번
    화장실 물 안 쓴 것을 계산하면 하루에 안 쓴 물의 양은 9
    갤런이다. 물을 적게 쓰게 만든 화장실 물 사용량도 하루에 7
    갤런을 쓴다. 아무리 물을 아낀다 해도 이 방법은 너무하다. 너무하다? 너무 원시인 스타일이다? 그냥 기후변화로 급강하는 기후 온도에 차라리 바비큐로 구워져서 죽겠다?

흑백

가루 설탕에 까만 올리브를 굴린다

연민에다 굴려 허옇게 된 밤바다

꼭 80에 타고픈 자전거

벌레한테 물린 것이 병을 옮겨준다고

남편한테서 쫓겨난
아프리카 여인

아침에 눈을 뜨고 나는 첫 생각

사랑. 나를 죽여 버린 사랑

물의 꽹과리

물이 꽹과리를 친다고?
암, 그 소리 여러 번 들었지

초등학교 때,
아들은 첩을 얻어서라도 낳지 않으면 쫓겨날 사정
작은 여자 하나 구해
한강이 흐르는 한 곳 집 짓고
아빠는 한 두어 주일 건너 그곳에 눕다가
엄마와 내가 있는 곳으로 오시곤 했었지

그때마다 엄만 뒷마당 아빠에게 '목물' 찬물을 쏴—
엄만 부엌 대야 더운물 붓고 아랫도리 비누질 싹싹—

내 귀에 가득 찼던 그 물소리 '쏴—아—후루룩—'
중학생이었지만 눈치는 빨라
그 소리가 꽹과리 소리로 쟁—쟁— 울렸다

십여 년 전, 이태리의 베니스에서 들은 물소린 조용했지만
  꽹과리보다 더 크게 들렸던 엄마의 물소리
  물결은 건물 안, 지하를 채우고 층층계도 덮고
  곤돌라 한 척 베니스강에서 건물 아래층으로 들락날락,
  만돌린 치는 뱃사공에 반해
  건물 아래층 철렁철렁 흔들려도 겁 안 내고
  박물관 입장료 성큼 내밀던 명랑하게 흥분한 여행객들
  '아 나폴리' 만돌린 음악에 엉덩이를 쿵작작 쿵작작 들썩들썩
  그 물소리, 엄마의 뒷물 소리 꽹과리 찰싹찰싹 꽹꽹

  중세기식 조각 작품 다닥다닥 장식된 건물
  그 아래층 채운 물에서 나던 김 무럭무럭 나던 더운 꽹과리 소리
  나 봐라, 나, 건물 안 물결 위에서 들려오던
  뱃사공의 나폴리 만돌린 음색과 뒤섞인 물소리

여행객 놀이 배에 부딪혀 찰싹찰싹거리던
엄마 속울음 삭이며 아빠 입술 쪽쪽 빨던 그 소리

지금도 내 귓가 적시는
뜨겁게 달궈지는 물의 꽹과리 소리

남아선호사상 몽둥이

몽둥이가 엄마의 심장을 내려쳤을 때
나는 다섯 살
몸뚱이가 나보다 컸다
엄마 죽지 마
몽둥이는 내가 끌고 가
"너 왜 아들이 아니냐"라고 침을 쪼리는 남자마다
다섯 번 후려쳐 줄게, 응, 엄마, 죽으면 안 돼
이렇게 해서 나는 이제 81세까지
남아선호사상 몽둥이를 휘두르는 거로 책을 쓰고 시를 쓰고
신문 기사를 써 방에다 도배를 열두 번을 하고도 남을 정도다

현대인들은 이젠 남아선호 말에 이에서 신물이 난댄다
여아의 세대라면서
여아선호? 홍 좋아하시네

그리 음흉스리 남아 남아선호를 여아선호를 탈바꿔치기하고
 희희애애하지 마시오
 무슨 소리냐? 여아선호사상 홍 홍 웃기지 마시오
 여아는 사위를 끌어들이는 애들이니 그래서 여아를 선호하는 것 모르시오?

 고양이가 얼굴을 가리고 야옹 하듯이 누가 누굴 속이려는 거요
 여아는 태어나자마자 첫 웃음에서부터 댕굴댕굴 두리번거리며 찾는 눈알은 누굴 찾는 거
 세상이 다 알잖소 멋진 꽃미남 일류대학졸업생 외국대학 박사 학위 외국 동포감 찾아 눈을 두리번거리는 여자 아기 잘난 사윗감
 아파 난 아들보다 더 장인 장모에게 효자 열 배 하네

 생부모의 친부모의 생일 제쳐놓고 아내의 부모 생일

축하 먼저 하와이로 모시고
 아 한국의 선호된 여아의 남편이요 사위들이어. 당신들은 여아선호사상이 가져온 남아사위선호사상의 첨단을 걸으며 삶의 신비를 음미하시오 아들의 장인 장모에게 "빼앗겨" 연휴 여행을 아들 없이 보내었던 나의 친구의 눈물 이렇게 한쪽으로 치우치지 말고 두루두루 배려하여 선호의 회오리에 코 다치지 않을 수 없겠소?

사과와 홍당무

백 살이 넘은 어느 의사의 장생 비결.
사과와 홍당무즙 주스 하루에 한 잔씩.
아, 귀찮어.

즙 낸 후 주스 기계 씻어 찬장 속에 넣어야 하고.
그래서 사과와 홍당무 쑹덩쑹덩 썬다.
씹는다. 내 입은 즉시 유명 브랜드 주스 메이커.

아침에 눈 뜨면 첫 번 느낌.
알래스카 빙하 쪼가리와 고래의 오줌이 섞인
일인용 파도가 쏴아 하고 가슴을 파 내려간다.
허리 부서질까,
몸 천근 일으킬 날들 몇이나 남았나.

 햇빛 조각을 사각사각 갈아먹고 붉어진 사과와 홍당무가
 내 입안에서

쓰다.
얼음과 고래 오줌의 파도를 막아줄까.

신발 거꾸로 신고라도 백 살 넘게, 살자! 살자!
데모
플래카드 뒤흔든다. 주먹으로 하늘을 쑤신다. 살자! 살자!
아, 와 그리 오래 살고 싶어 한당겨? 징그럽지 안 탕겨?

아담과 이브

온 천지가 먹물 색.
천지 끝에서 끝까지 닿는 긴 칼이 하늘을 두 쪽으로
두 쪽 사이에서 노랗고 흰 뭐가 쏟아져 나온다.
홍수처럼 아니고 빛같이. 그 노랗고 희끄스름한 걸 보는 동물들,
사람들 눈알이 하얘졌다.
이브가 아담을 쳐다본다. 저 사람 이름이 아담?
이마는 조금 툭 나와 그 밑의 눈이 깊어 보인다.
아, 눈이 깊은 남자. 좋다. 머리는 삼손같이 길게
어깨 뒤로. 지혜와 힘으로 반질거렸다는 머리칼.
내가 당신의 갈비뼈에서 나왔다? 아, 아담은
나의 것, 나는 당신의 것. 하나님, 보고 계시죠?
다시 아담 안에 넣어주세요.
따뜻한 데로. 따뜻한 데로. 달콤한 데로.
아담은 노르스름한 빛 조각을 주어서 어적어적 씹는다. 손짓한다.
이브, 네 눈알이 하얘. 너의 눈도. 그래도 당신 얼굴

맘에 들어

　나도. 어머 저거 호랑이 아냐? 그놈 눈도 멀었네.

　이브, 그래도 너의 얼굴 잘 보여. 이브, 너를 무엇에 비교할까?

　한여름에 하늘거리는 여름 바람 한 자락? 그래, 너의 허벅지 그렇게 보드라워

　달삭달삭, 내게로. 이브, 한여름 바람 자락*

* 윌리엄 셰익스피어William Shakespeare의 〈소네트 18번〉의 첫 줄에서 영향을 받았다.

하늘이 무너질 때

　세상이 갑자기 천중벼락과 동시에 150층 아파트와 100층 콘도와 호텔이
　무너져
　불쑥 쏟아 내려 내 머리 위로 떨어지기 한순간 전일 때
　"하늘이 무너졌다"라고 한다.
　색깔을 넣으면 "하늘이 노래졌다"이다.
　초등학교 일학년 때부터 들은 말이다.
　"하늘이 노래졌다" 한 번도 파래졌다거나 빨간 피색이 됐다, 라는 말은 못 들었다.
　왜 하늘은 노래질까?
　정말로 나한테 하늘이 노래진 날이 있었다.
　경기여중 입학시험 치던 날이다.
　초등학교 6년 동안 학교 끝나고 매일 담임 선생님 집에 들러서
　세 시간 공부를 더 해야 집에 올 수 있었다.
　그 세 시간 공부는 경기여중에
　입학하기 위해서였다.

경기, 경기, 경기. 아, 죽어라. 경기 시험에 떨어지려면 지금 죽어라. 쥐도 새도 모르게 없어져라.

경기는 내가 죽느냐 사느냐가 달린 거였다

그런데 그날 정말 시험에 붙은 이름이 학교 칠판에 붙었고

학부형들하고 학생들 전부 모여 칠판

을 올려다보는데 왼쪽 눈에 노란 뭐가 간질간질 왔다 갔다 했다.

위를 쳐다보니 하늘이 전부 노랬다. 그 후로는 그날 차라리 죽었으면 나았을 걸 하고

생각한 지 수만 번이다. 경기 학교 배지 대신에 정신 여중 것을 교복 가슴에 달 때마다

서 있던 복도가,

서 있던 땅이,

폭삭 가라앉으려 해서 쓰러진 적이 몇 번이었던가.

그런데 그 후 어른이 되고 결혼을 하고 아기들을 다

섯을 낳고 80살이 되도록 살아보니
 경기에서 떨어져 노래졌던 하늘은 영화에서 본 슬픈 이야기처럼 멀리멀리 느껴졌다.
 이젠 다른 것들이 더 하늘을 노랗게 한다 느껴진다.

재활용: 뉴요커 잡지의 시 모으기

어쩌나. 사 년 동안 쌓인 뉴요커 잡지. 단편과 시를 나중에 읽으려고 놓아뒀었다. 이젠 시만 오려 낸다. 한 번만 읽기
  아까워. 쌓인 묶음들. 꽉 차서 화재의 근원이 될 수 있는 나의 방.
  묶음들이 멋대로 자리를 잡았다.

어떤 건 '연구자료' 폴더 옆에. 서랍 속에도.
  무더기들이 여기저기 땅바닥 신세다. 책장 선반 네 개나 있어도
  자리가 빌 때까지. 한 무더기는 '부엌 식탁 구탱이'
  란 명찰까지 달고 있다. 그건 톱 비밀 자료, 수상 작품들. 당장 읽을 것.

잡지에는 매 호마다 시가 두 편씩. 2020년 3월 2일엔 페이지 50-51과 58.
  오려내는 걸 멈추지 않고 시를 읽지도 않으면, 다음

시의 페이지 넘버가
 꽤 쉽게 떠오른다. 멈추고 시를 읽으면,
 아뿔싸, 다음 시는 몇 페이지였더라?

 루이즈 얼드리치 시인의 시, 「열정」에 온몸이 새큰해
진다. 떠나버린 남자의 셔츠의
 겨드랑을 개가 씹어먹는 그 글. 읽고 나니 두번째 시
는 어디에? 그건 개 이빨로
 걸레가 된 도망간 애인의 빤쓰를 쫓아갔나?
 손가락에 침 발라 작품 목록 페이지를 펴 두 번째 시
찾을 수밖에.

 그 잡지 산더미에서 시를 오려내며 혼자 헐떡여본 기
억력 테스트.
 백여 번 해보니 성공률이 높아져 페이지 넘버를 기억
해낸
 두 번째의 시들 수두룩. 아, 하. 닐리리야 니나노. 나

의 재활용 사업
 스톡마켓 자본 괜찮네.

이리디움 강철이 되어
섭씨 4,130도 속에서도 본질을 잃지 않아
극락에 들어가다

미제 아이스크림 배스킨라빈스를 먹고 자란 인간들
하다못해 대변 후 사용하는 휴지도 누런 군대용 휴지가 아니고
노란 민들레 꽃무늬의 휴지 남자도 민들레 꽃무늬의 휴지를 써온 약한 자들
이리디움같이 변신해야 된다니. 섭씨 4000도에 들어가 있어도 꼼짝 안 하고
그대로 있는 이리디움 강철.
We, pampered to silkiness Baskin Robbins 섭씨로 4,130도 속에 빨려 들어가 몇 시간을 있어도 전혀 변하지 않는 이리디움 가능한 일인가

will be proud to call its own,

butts wiped with daisy imprints

Iridium: n. Symbol Ir A metallic element used to harden platinum and in Atomic weight 192.2; melting point 2,410C, boiling point 4,130C.

석가모니 부처님은 가능하다고 한다
Buddha says yes.

힌두 무슬림 종교인들 미국 원주민들도 다 가능하다고 한다 백만장자 대우를 해 준다는 미국의 실리콘밸리 회사들의 계약금을 개똥벌레처럼 손을 휘휘 져서 쫓아 버리는 사람들도 그것이 가능하다고 한다

강철같이 강렬한 지옥 불안에서도 눈 하나 깜짝하지 않고 그대로 있는 강철같은 인간이 된다면 그러한 과정을 견디는 동안에 쾌락을 맛보는 기능도 다 타버려 없어지는 것이 아닌가 극적으로 달콤한 독일 초콜릿도 고행자들 성녀들의 입에서는 땅에서 뒹구는 말똥 맛으로 느끼게 되지 않을까

Ascetics—the Hindu, Moslem, Native American—

say yes.

    Those who swat away as gnats

    offers of millionaire—laying eggs of the Silicon Valley

    say yes.

    Doesn't toughening, turning into iron, pain—proofing also

바벨탑

마믐 마 마 믐 믐 다 다 다 듬 듬
2살짜리 딸의 옹알이, 누가 무슨 소린지 알겠는가
나중에 알고 보니 마 믐은 '엄마' 다 다 다 듬 은 '아빠'이었다.
언니 하나와 오빠가 둘은 다섯 여섯 살 아홉 살이어서 듣고
배움 많아 다섯 살 되면서는 여자 변호사가 된 듯이 유창한 말 엄마 마빠
어쩌고저쩌고 청산유수가 되어 대학 갈 때는 중국 남경의 남경대학에
입학 이 년 동안 중국어를 전적으로 배우고 우수한 성적으로 미국으로 돌아와
아이오와 대학교의 중국어학과에 입학. 지금은 어른이 되어 딸이 한 명
유치원 다니고
딸에게 스페인말을 가르쳐 주는 학교를 찾고 찾아서 그 4살짜리가 영어 스페인어에

중국어, 한국말도 조금씩 한다.

• 구약성서 창세기에 바빌로니아 지역의 인간들이 거만해지고 육체적인 쾌락에 몰두해 잘난 척을 하다못해 하나님을 꺾어 다신 홍수가 세상을 몰살시키지 못하도록 하는 야망의 벽돌을 만들기 시작. 결국 미국의 엠파이어 스테이트 빌딩보다 큰 바벨탑을 짓기 시작. 이에 노하신 주님 그 인간들을 막기로 결심. 여러 가지 방법이 있었으나 (예를 들어 세상의 모든 화산이 폭발하게 해 불덩어리가 되어 인간들을 구워 먹게 만들거나 사자와 호랑이 밥이 되도록 하거나 독사가 콕콕 독을 쏴서 죽이거나. 주님이 선택하신 방법은: 바빌론 사람들 여러 족속들의 언어를 섞으셨다. 그러니 의사소통이 끊어져 족속들마다 다른 언어로 서로 헐뜯고 죽이고.

바벨탑 쓰러지다! 주님을 끌어내리려던 족속들 다 새까맣게 탄 숯덩이들이 됨!

제5장

너무나 긴 길

황소같이 콧김을 푹푹 내뿜으며
지르는 아들의 고함

밖에 데리고 나가달라고 조르는 아들
삼십 세 장정이다
울음 반 분노 백 퍼센트 섞어 화하앙 커엉
밥상이나 장롱을 집어 마당으로 던지기 직전이다

암이 이십 년 동안 세포를 잡아먹고
무지개색으로 물들여 놓은 몸을 버티고 서서
등으로는 황소의 분노를 뭉개면서
그 짐승 소리를 내는 정신 박약아 아들의 엄마가
전화를 받는다

"몸 좀 어때요?"
"아주 안 좋아요."

몇 년 전 만 해도
"몸 좀 어때요?" 하면
"잘 버티고 있어요"라고 했었다.
남편의 신체검사가 깨끗이 나올 때마다
자신의 병으로 사그라지는 몸이 야속해
저 정신 박약아 아들 놓고 눈 감을 수 없어서
하루 종일 귀가 멀어라 크게 음악을 틀어놓고
목놓아 울었다 하면서도 "잘 버틴다"라 했던 그녀다.
화아앙 커어어어엉 화앙 커커엉엉

너야, 나야
이 황소의 엄마 앞에선
우울증이니 하는 사치의 용어를
사탕처럼 혀 밑에 넣고 달가닥 달가닥 굴리지 말자

먼저 간 친구에게 부치는 글

너는 달리아다.
포도주 색깔에
하늘로 목을 젖히고 쾅쾅 웃음의 대포를 쏘는 너
밑에서 입 벌리고 쳐다보고 있는
우리들은 앉은뱅이 채송화이고
흔하디흔한 민들레이고 지레 저린 할미꽃이고
얼굴이 종종한
물망울 꽃이다

넌 장미다
빨갛다 못해 탁탁 열을 튀겨내는 너
우린 너에게서 튀기는 빛을 누리는

아기개똥꽃이다
너의 꽃잎에서 떨어지는 이슬을 마시는 풀이고
너의 가시가 있어서 사람들에게
밟히지 않고 땅을 기는

바이올렛이다

너는
콜로라추라로
향기의 아리아를 뽑아내는 백합이다
우린 그 노래에 홀려서
어깨춤을 덩실덩실 추는 봉선화이고
동그란 얼굴을 뱅뱅 돌리며 웃어 젖히는 백일홍이고
밤이면 캄캄한 하늘에 광주리째 확 내뿌려져
반짝이는 별꽃들이고 우린 서강*의 한 몸이다

* 서강은 서강대학을 상징할 수도 있고 서강의 언덕 아래 저 밀리 보이는 한강의 한줄기를 상징하기도 함.

당신, 거기서 뭘 해?

당신의 얼굴은 해괴해
때아니게 왜 떠?
태평양 건너 서울서 사면서.
남편이 하루 지낸 이야기
해서, 열심히 듣고 있는데,
왜? 아무 말도 않고, 금방 없던 거로 가버리면서.

물을 데우려고 전자 오븐 열었는데
그 속 계란색 빛 동그라미 안에
또, 거기서 뭐 해? 내가 그리 간절히 보고 싶어?

나는 서강 채플에서 결혼한 지 54년
당신은 서강 동창하고 죽고 못 산다고 연애했었고
그러다 누구하고 결혼한 지 거기도, 거진 60년
그런데 이젠
놔줄만 하잖어? 놔주지 못하는 건 나인가?

오늘은 시월 육 일 오후
채송화에 물 주는데
햇빛이 가을색 입었다고 봐달라고 야단법석을 해서
잠깐 호수를 향해 호흡하는데
저 아래 엄마 오리가 아가 오리와 행렬하는데
당신 거기서 뭐 해?
저녁밥 앞에 놓고, 감사 기도 후, 종이 냅킨을 펴는데
당신이 몸을 그렇게 얇게 접어 거기 있을 줄이야
당신도 몰랐겠지.

아카시아와 별들

서강 대학교 창시 50 기념해 제2차 졸업생
입학하던 첫날
미국 신부님들의 눈 믿을 수 없을 정도로 파랬다
미국 유명 배우
폴 뉴먼의 눈 색이었다
여자를 다 반해버리게 했던 그 눈

첫날 본관으로 들어서는 입학생들에게
신부님들이 환영 인사를 하신다
"너의 이름은 뭐지?"라고 총장 길로렌 신부님이 일일이 물으신다
영어로 물으셔서 영어로 대답해야 하는데
영어로 대답하기가 수줍어 대답을 못 하고 도망을 가 버렸다

The first day at Sogang
Priests freshman.

"Good morning!" they said.
"What's your name?" Fr. Killoren asked me.
Too shy to speak English, I ran away
Without answering.

입학 후 49일 되던 날
남학생들이 캠퍼스 언덕을 올라오고 있었다
학점을 전부 다 꼭 A만 받아야 한다고 결심을 한 내 눈에는

그들의 긴 다리들이 능숭능숭 움직이는 곡선의 언어와
심각한 눈썹과 복잡하고 세련된 눈빛을 알아
채고 반해 넘어갈 마음의 한 조각이 없었고
만약 내가 한 생애를 더 서강에서 보내게 된다면
박사 학위를 따려 한다. 남학생들의, 팔다리의 움직임의

곡선을 연구하여 박사 학위를 따리라.
남학생들이여, 연애를 하자꾸나.

입학 후 67일
입학 후 69일

하늘이 어찌 저리 푸를 수가 있나
서강의 굴뚝이 회색이어서 그 회색이 하늘을
두 쪽으로 나누어서 그 두 조각 난 하늘의 푸른
색이 더 강해졌나 보다 아니면 저 아래에서 한강이
나무들을 흔들어 놓고 아니면 우리의 마음을
흔들어 놓거나 그 푸른 하늘 아래에서 신학생 두 명 도일 씨와
미첼 씨가 학생들과 담화를 하고 있었다. 미첼 씨가
우리의 영어 발음을 고쳐 주고 있었다.
퍼지Pudgy "뚱뚱하다"를 발음하라고 했다.
내가 "바지"라고 발음했더니 미첼 씨가 "아니, 바지가

아니고, "퍼지"야,
   아,
   "ㅇ지"라고 내가 발음했다.

   166일 후.
   우리는 졸업했다. 엉클어진 머리칼같이 사방으로 우리는 갈라서
   헤어졌다. 서강이 우리를 평생 졸졸 따라올지를 모르고.

가슴이 덜덜 떨리는 바다

오빠의 바다는 그랬다 1950년
육이오 동란 때
18세 꽃미남 해군 통신병이었던 오빠
괴뢰군이 바다에 박아 놓은 지뢰
칠흑 바닷속 어디에 찔러 놓은 줄 알 수 없는 채로

바다의 배를 가르는 오빠가 탄
미국 해군 경호선 703호(케네디 대통령이 탔던)를
열두어 살 신문팔이 시절 휘비고 펄쩍펄쩍
겅중겅중 뛰어다니던 행길과 골목길
"경향신문요!"를 외치며 그랬듯이
적의 지뢰를 어찌 피해야 할지도 모르면서도
오뉴월 장대 빗살 퍼붓는 괴뢰의 폭탄을 피하고
막기 위해 맥아더 장군의 지시에 따라
겅둥겅둥 누비며 오르락내리락하던 서해 바다
이것이 내가 죽는 순간이구나
죽음의 이랬구나 죽음의 냄새가 이렇구나

시퍼렇게 갈아 놓은 칼의 냄새

국음이 다가오는 소리 쾅쾅쾅
명치와 목젖 사이를 내리치는 망치의 소리
덜덜덜 떨리던 별 하나 없던 바다
바다는 조용했다
군함이 바다의 배를 쫙쫙 가르며 빛같이 달리는데도
바다의 소리는 들리지 않았다
오직 하나의 소리
명치를 올려치고 내려치는 망치의 소리
화장터 150도 불 속에서
오빠의 살이 펑펑 터지던 순간 오빠는
바다에서 덜덜거리던 자신의 가슴소리를
내게 들려주었다

쥐띠상 얼굴을 한 사공이
세월호엔 없었다

옛날
얼굴이 쥐처럼 생겨
비관하던 청년이
바닷가 대나무 숲 곁에 펄썩 주저앉아
마음껏 자포자기에 취하기로 했다.
마침 쪽배에서 내린 스님이
청년 옆 모래사장에 앉아 쉬었다
얼마 후 힐끗 청년을 보았다.
스님들은 사람의 장래를 꿰뚫어 본다니
청년은 호기심이 생겼다.
"스님, 저같이 얼굴이 쥐상인 놈은
무슨 팔잘깝쇼? 뭘 해 먹고 살 수 있을깝쇼?"
한 참 쳐다보기만 하다가
"뱃놈" 하신다.
아무리 그래도 양반 집 아들인데 뱃놈이라니.
온몸이 가지색으로 멍드는 시간 일어설 기운도 빠졌다.

간신히 일어서서 몇 발자국 떼면서 중얼거린 한탄의 말.
"사람 목숨은 무수히 건져줄 수 있겠네."

"어, 여보게. 잠깐. 뭐라고?"
"물에 빠질 사람들 목숨은 건져줄 수 있겠다굽죠."
"아, 자네. 옛 말씀 있잖나.

사람 심성은 관상을 넘어 뛴다.
자넨, 나라님 모셔 사람 건져 줄 팔자네."
그 쥐상의 청년은
미래의 왕희. 공민왕의
우의정. 수십만 백성의 삶을 구했다.
세종대왕 밑에서는
우의정, 좌의정, 정의정 세 자리를 다 맡아 충신 노릇하면서
억울하게 감옥 간 수백수천 사람들의 인생을 도와 구

했다.

  세월호여. 왜 쥐상이지만 그런 심성의 사공 한 명도 태우지 못했던가.

쓰레기 섬이 사라지는 새해 신년시, 2024

아비는 서울시청 운수과의 트럭 운전수였다

6.25 전쟁 후 우린 다 경제적 땅바닥 사람들 외할머니도 달동네서 단칸방살이

엄마와 나도 시구문 안쪽 단칸셋방살이 옷장과 서랍 여러 개인 장이 있어도

엄마는 장과 장 사이 공간을 꽉 채웠다 잡동사니로 낡은 수건들, 뭔지 모를 종이 쪼가리 등

바깥세상에서도 쓰레기들은 태평양 파도에 밀리고 바다 바닥으로 가라앉고

해방 후 2021년까지 쌓이고 쌓여 섬으로 태어나 머리를 떠올렸다

그러는 세월에 나라와 나라 사이에서 출렁이는 태평양과 다른 바다에서도

쓰레기 컨테이너들이 태풍에 따귀 맞고 구름한테 침을 뱉는

파도한테 채찍 후려침으로 해서 집 몇 채만 한 바위 건물로 등장했다.

뺨을 뚜드려 맞아 캐나다로 일본으로 필리핀으로 엉덩이를 채찍질 받아

이리로 띠뚱, 저리로 기우뚱 방황. 유럽 나라들도 쓰레기 전쟁에 참전. 독일도 비닐 제품 반환 시 돈을 지불 로완다와 수단은 그런 제품 사용 절대 금지 한국의 항구 도시들은 하늘을 치솟는 새빨간 네온 십자들로 하늘 전부에 불이 붙어 지옥불의 세상으로 변신 수천 개의

교회들은 영혼의 빗자루를 휘둘러 쓰레기 영혼들을 싹싹 쓸어 지옥 불 속으로 던졌다. 장과 장 사이에 잡동사니를 꾸겨 쌓아 올렸던 엄마의 버릇이 나의 의식의 옷자락을 잡아당겼나? 가난한 이들이 재활용하도록 잡동사니를 정리하고 세탁하고 다림질해 재활용 센터에 배달하자 낡은 재킷에는 예쁜 헝겊을 하트 모양으로 가위질해서 양쪽에 예쁜 주머니를 바느질해 붙이자 몇 년 안 입은 코트에도 카고 바지에도 노란색 초록색 하늘색 꽃무늬의 헝겊을 잘라 주머니를 만들어 붙여 디자이너의 멋이 나는 예술 작품 의상으로 만들어 입고 친구와 만나 장과 장 사이를 시원히 비우자. 그리고 새해, 나무 목성 용의 해, 2024년을 멋쟁이 시인으로 어깨를 들먹들먹 춤추면서 햇빛을 양해 호흡을 허파의 저 밑바닥까지 내쉬자. 깨끗한 하늘에게 두 손을 뻗어 흔들자

• 참고 노트: 이동학 기자의 기사: "쓰레기 전쟁", Oh My News(11월 13일 2021년)

노란 치약

중년쯤 됨직한 남자의 거무스름한 코
거기에서 입까지 내려온 콧물 두 줄기
애기 똥색이다 굵직하다
힘주어 짜낸 치약 토막만 하다

코가 입으로 늘어져 들어가는데
닦을 기색은커녕 징징 울고 있다

지하철
환선하는
층층계를 향해 걷는
어느 깔끔하게 차려입은 여자 옆을
그가 줄줄 따라간다. 연상 잉잉잉 하며
그쳤다 시작하는 것이 아닌 마냥의 칭얼댐이다

처음엔 그 여자가 사회복지 사업하는 직원이고
그 남자를 어디로 인솔하는 중인가 생각했다

나란히 한참을 함께 걷고 있기에
그런데 그 여자가 걸음을 멈추고
빽에서 돈을 꺼내 그에게 주는 듯했다

그들을 지나쳐 몇 발자국 가다가 돌아다보니
그 남자는 여전히 잉잉 소리를 내고 그 여잔 가버렸다
그는 엉거주춤 서서 두리번거린다
다음에 눌러붙어 볼 사람을 찾는 건가?
정말 걷잡을 수 없는 슬픔인가? 정신병인가?

붙잡힐까 봐 홱 돌아서서 총총걸음을 한다

나를 위해 울지 마오 젊은이들이여

내가 백두 살이 되었다고 나 때문에 울지 마오 나의 거의 다 꺼진 일생이여

지팡이나 휠체어 없이 걷지 못한다고 나를 위해 울지 마오

지팡이를 들고 바퀴 달린 의자로만 움직인다고 울지 마오

그런 것을 질질 끌고 걸으면

맨 배로 뱀이 기어가는 것보다 더 느리오 내 뒤에 뒤따라 걷는 동료 은퇴인들의 집 주민들 나를 지나치지 못해 뒤에서 한참 기다리는 두 다리로 걷는 동료 주민들 나를 위해 울지 마오

초등학교 땐 학교로 까치걸음 깡충깡충 덤불로 덮인 들판을 깡충깡충 뛰는 까마귀같이 깡충깡충거렸었지

나로 해서 울지 마오

아침 시리얼을 숟갈로 퍼 입에 처넣었었지 점심 샌드위치 내 손으로 집어 우적우적 의치 아닌 내 이로 씹어 먹었었지 이젠 손이 덜덜거려 누가 입에 넣어주길 기다

리지 그래도 나 때문에 울지 마오 젊은이들

  손자 손녀, 또 같이 사는 아직 팔십 안 된 동료들 울지 마시오 한 다리로 서서 다른 한 다리를 바짓가랑이에 쑤셔 넣는데 왜 이리 몸이 이리 뒤뚱 저리 뒤뚱 방바닥에 넘어져 엉덩이가 아파 그렇다고 나를 위해 울지 마오 다리가 백년 된 소나무처럼 꿋꿋한 이들이어

  금방 쓰고 책상에 놓았던 펜들 다 어디로 날아가 버렸는가

  나를 위해 울지 마오 읽던 책 금방 내려놨는데 도망간 페드들 쫓아갔는가 내가 불쌍해 눈물 흘리지 마오

  잃지 않으려고 안경을 쓰고 망원경을 쓰고 써놓았던 노트 조각들 열두 페이지 다 어디로 바람 타고 날아갔느냐 나를 위해 울지 마오 기억력이 샛별처럼 한없이 반짝거리는 젊은이들의 눈이여 두뇌여 그 새벽 별들 차곡차곡 쌓아 서랍에 저장해 두고 하나씩 꺼내어 평생 두고 쓰고 닦고 죄고 세포 한 개마다 만개 팔이 달려 그 수만 개의 팔들이 밥 잘 먹고 건강해 서로서로 손잡으

려 수만 개 손과 팔들을 붙잡아 팍! 팍!

   세포와 세포 사이의 간격을 없애고 직접 손을 잡아 기억이 반짝반짝 돌아와 내 평생 잊지 못하기로 사랑했던 나의 가족, 친구는 물론 22년 전에 중국 남경에서 영어 작문 쓰기를 가르쳤던 학생도 기억에 떠올려 그 학생과 이메일이라는 현대 세계의 기적 도구 사용해서 22년 전에 남경에서 비행기로 날아와 만났던 나의 사랑하는 학생 나를 행복으로 배가 불러 열 배로 커진 고무풍선 산타 할아버지만큼 큰 사랑의 플라스틱 거인 되어 나 나르리라 나 하늘의 천장을 만질 것이니 젊은이들이어 나를 위해 울지 마오 오직 행복의 눈물은 나를 위해 흘려주어도 되오 오 오 젊은이들이어

해의 실빛

최소한 일 광년 거리에서 달려와 내 마당에 다리 뻗고 누웠네.

저 동양 여자는 세탁기도 없나? 여기가 미국 촌 동넨 줄 아나?
시애틀 한가운데 집값 높은 동넨데.
마당에 빨랫줄 걸고 양말, 빤쓰 널었네.

햇빛이 양말 날실로 씨실로 송송 들락날락.
실빛이 들락거린 베갯잇에 머리를 놓고 꾸는 꿈. 노릇노릇한 군 고등어 색깔
실빛이 살균하고 표백해 하얘진 행주. 쪼오옥. 입 맞춘다.
실빛이 뱅글뱅글 돌아준 남자 빤쓰. 쪼오오옥.

햇빛으로 빨래 말려 얼마큼 에너지 소비 Carbon Footing를 덜 했을까?

실빛이 온종일 짠다. 가로로 씨실, 세로로 날실. 너의 집에서도. 내 집에서도.
저 동네에서도. 대형 버스 밑으로도 가장자리로. 요리로 씨실. 조리로 날실.

아르코 차토 Arco Chato, 평평한 아치
파나마 시티

2003년 11월 7일 금요일 오후 8시에 무너짐

바위와 강철의 파나마 이미지인 아치는
지진이 난 니카라과에서 운하를 훔쳐 갔다.
FDR은 서명하고, 말라리아를 박멸하고, 콘크리트를 부었고,
건축적 경이로움인 아치의 약속에 따라
예수회 교회 합창단 발코니를 400년 동안 지탱하고,
아치의 다리는 벌리고 쪼그리고 앉았다.

쿠나 여성들은 찢어지고, 이를 드러내고,
땀이 출산하는 프레임을 붙잡고 기름을 바른다.

그렇게 뼈가 부러지는 포즈로, 아치는 첫 번째 배를 보냈다.
파나마 운하를 따라
뚱뚱한 미래를 바라며, 고르디토 아이들.

붕괴는 바람에 뱉은 침보다 더 작은 것을 의미했습니다.

강도 혐의로 수색을 받는 젊은이들에게,

교회 마당 아래 골목길에서
아치가 웅크리고, 출산하는 것을 보았던
교회 마당 아래 골목길에서
하루에 경기장을 채울 만큼의 달러가
파나마로 들어오는 동안
그들의 정맥에 가루를 뿌렸습니다.

아치에서 내려오는 경사지는 이제 도로 사과 더미처럼 생겼습니다.
기념품 사냥꾼들로 북적거리는 텐트에서
한 관광객이

쿠나 인형을 바라보며, 그녀는 출산하는 몸을 세차게 움켜쥐고 있다.

내 옷장의 노래 Ode to my Closet

뉴델리에서 산 나의 노란 드레스—애들이 해적 놀이 할 때 주인공들이 쓰는 노란 눈가리개들

망사 같은, 연갈색 나의 스웨터—광주리에 쫙 깔려 햇빛 받고 마르는 콩나물

줌으로 낭독할 때 입는 옥색 재킷—엉덩이까지 칠 덩이는 라푼젤Rapunzel 의 머리칼 서풍에 날린다

부엌일 하느라 치켜 올린 낡은 스웨터의 소매—가난으로 찌들으셨던 할머니의 쏙 들어간 배. 주름이 겹겹 늘어졌네.

내 스카프—영화배우 폴 뉴먼의 눈같이 파란색. 그 이름을 딴 달팽이가 가만히 껍질 안에 있는 조개를 홀쩍 들이마신다

내 스카프—감자떡이 노르스름 구워진다. 다섯 살짜리 손자가 레고로 만들어 논 "다크 베이더Dark Vader"*

내 스카프—빌 클린턴 만찬회 포크가 일 인당 여덟 개. 폴란드에서 피아노 음악가가 음악으로 유 크레인 피난민들을 맞이하다

오페라에 입고 가는 치마—물속에서 펄펄 타 하늘을 태우는 산호들. 태국에 있는 피피섬

나의 빨간 블라우스—바다 조개에서 캔 천연 진주를 스웨터에 손 재봉으로 단 것. 과테말라 여인의 솜씨. 한 시간에 십 전 받아 가면서

나의 탱크톱(소매 없는 티셔츠)—책상을 내 이마로 평평 두들긴다. 글이 안 나와 오열하는 자의 피

나의 스타킹—십 칠 년 만에 나오는 매미 떼가 수와아 수와아 수와아 한다. 껌 나뭇가지에 종종종 달라붙은 매미 껍질들

키웨스트에서 입은 드레스—펠리컨 새 한 쌍을 햇빛이 조명해준다. 그 빛 안에서 재미 보네. 한 대낮에. 시멘트 바닥에서 또 재미 본다

나의 흰 모자—관 뚜껑을 발길로 차버리자 구름들의 섹스 파티 장면이 나타났다

나의 플랫폼 구두—로마 투사들의 샌들식으로 가죽 끈이 발목을 칭칭 감고 올라간다. 연거푸 터져 나오는 쾌락의 신음

• 〈스타워즈Star Wars〉에 나오는 인물 다스베이더Darthvader를 다섯살 짜리 손자는 다크 베이더Dark Vader라고 해서 귀여웠다.

• 제임스 헨리 크니펜JamesHenry Knippen이라는 미국 시인의 시 「소네트Sonnet」의 영향을 받고 쓴 시.

피아트 공장이 문을 닫았을 때
일리노이주 스프링필드, 1986년

  장미 문신이 있는 상완 이두근, 철조망, 옷을 벗은 여성.
  야간 클래스 거친 남성들 앞의 5피트 아시아 여성,
  해고된 자동차 근로자들이
  고등학교 검정고시 공부반에 모여 있다.
  폐쇄된 피아트 공장 안 그녀와 남성들.
  마초맨 같은 남성들에 그녀는 움츠러든다.
  장미를 뽐내는 상완 이두근, 칼, 알몸의 여성.
  돼지갈비 모양의 구레나룻, 음탕한 눈길의 남성들,
  까마귀 밤, 잡초로 뒤덮인 에이커, 그녀는 환경에 반발한다.
  이들의 재취업은 그녀가 가르치는 GED(검정시험)에 달려 있다.
  제곱근, 99를 7로 나누면,
  주어-동사 일치, 단편이 전혀 없다.
  장미 상완 이두근, 화살, 알몸의 여성들.
  야유는 이제 장난기 어린 농담으로, 위협적인 남자들

을 사로잡았다.

어느 겨울밤, 그녀의 차가 고장났다.

차 밑에 세 남자가 들어갔고, 차는 즉시 수리되었다.

GED 치료 요법에 투입된 해고되었던 자동차 조립공들

손에 든 졸업장들, 이제 다시 그들은 고용될 수 있다, 아멘,

그들의 하이파이브는 밤의 열기를 달군다.

장미 상완 이두근, 방패, 다리를 벌린 여성들.

작은 코리안 여자가 가르치는 고등학교 검정고시 클래스 반

거친 남정네들이 GED 요법에 흥분하여 날뛰고 환호성을 터트렸다.

□ 해설

시간을 초월한 목소리:
현대적 삶의 감각을 지닌 여성 원로시인

이윤홍(시인, 현 미주한인문학 아카데미 KALA 회장)

시간을 초월한 목소리:
현대적 삶의 감각을 지닌 여성 원로시인

이윤홍(시인, 현 미주한인문학 아카데미 KALA 회장)

젊음이 문학계를 지배하는 시대에, 틀림없이 현대적인 심장 박동으로 고동치는 작품을 선보이는 81세 여성 원로시인이 시에틀에 계십니다. 바로 이매자 시인이십니다. 평생의 경험과 현대적 존재에 대한 예리한 인식으로 창조된 그분의 시는 나이에 대한 기대를 거부합니다. 그분은 단순히 세상을 관찰하는 것이 아니라, 세상 속에서 살며 영원히 젊음을 유지하는 정신으로 그 복잡성을 수용합니다.

뉴델리에서 산 나의 노란 드레스—애들이 해적 놀이할 때 주인공들이 쓰는 노란 눈가리개들

망사 같은, 연갈색 나의 스웨터—광주리에 쫙 깔려 햇빛 받고 마르는 콩나물

줌으로 낭독할 때 입는 옥색 재킷—엉덩이까지 칠 덩이는 라푼젤 Rapunzel 의 머리칼 서풍에 날린다

부엌일 하느라 치켜 올린 낡은 스웨터의 소매—가난으로 찌들으셨던 할머니의 쏙 들어간 배. 주름이 겹겹 늘어졌네.

내 스카프—영화배우 폴 뉴먼의 눈같이 파란색. 그 이름을 딴 달팽이가 가만히 껍질 안에 있는 조개를 훌쩍 들이마신다

내 스카프—감자떡이 노르스름 구워진다. 다섯 살짜리 손자가 레고로 만들어 논 "다크 베이더Dark Vader"*

내 스카프—빌 클린턴 만찬회 포크가 일 인당 여덟 개. 폴란드에서 피아노 음악가가 음악으로 유 크레인 피난민들을 맞이하다

오페라에 입고 가는 치마—물속에서 펄펄 타 하늘을 태우는 산호들. 태국에 있는 피피섬

나의 빨간 블라우스—바다 조개에서 캔 천연 진주를 스웨터에 손 재봉으로 단 것. 과테말라 여인의 솜씨. 한 시간에 십 전 받아 가면서

나의 탱크톱(소매 없는 티셔츠)—책상을 내 이마로 평평 두들긴 다. 글이 안 나와 오열하는 자의 피

나의 스타킹—십 칠 년 만에 나오는 매미 떼가 수와아 수와아 수 와아 한다. 껌 나뭇가지에 종종종 달라붙은 매미 껍질들

키웨스트에서 입은 드레스—펠리컨 새 한 쌍을 햇빛이 조명해준 다. 그 빛 안에서 재미 보네. 한 대낮에. 시멘트 바닥에서 또 재미 본다

나의 흰 모자—관 뚜껑을 발길로 차버리자 구름들의 섹스 파티 장 면이 나타났다

나의 플랫폼 구두—로마 투사들의 샌들식으로 가죽끈이 발목을 칭칭 감고 올라간다. 연거푸 터져 나오는 쾌락의 신음

—「내 옷장의 노래」 전문

이매자 시인의 시는 과거에 얽매이기를 거부하는 마

음의 활력에 대한 증거입니다. 각 시의 구절은 디지털 시대와 공명하는 리듬으로 고동치며, 향수의 무게와 현대성의 날카로운 명확성을 혼합합니다. 노인을 종종 지나쳐가는 세상에서 이매자 시인의 작품은 주의를 요구합니다.

오늘은 지중해 바다 푸른색으로 워싱턴 호수
옆으로 누워있다. 팔팔 뛰는 물고기들로 배가 차 울퉁불퉁하다.

컷스롯, 싹아이 연어, 무지개 숭어, 치누크 연어, 코호 연어,
입 작은 배스, 입 큰 배스, 멸치.

그녀는 무거운 몸으로도 그이를 열망해 몸을 비비 꼰다.
그이는 캐스캐이드 산맥.
그는 쭉 뻗어 엎드려 있다.
그의 수많은 성기들은 이미 그녀의 몸속에 박아놓고.*

어웅. 짐승 소리치고는 꽤 얌전하다.
랜턴의 737기 비행기 제작 회사의
배에서 한 대가 탄생되어 하늘로 솟아오른다.

그 회사는 하루에 737형 비행기 한 대 반을 조립한다. 일주일에 10.5대씩.

일 년에 3,800대. 2035년까지 50,000대를 제작할 주문이 들어와 있다.

깊은 청색 하늘을 굴 파듯이 뚫고 나오면 비행기들은 햇빛에
은색으로 반짝인다. 살아 퍼덕이는 멸치처럼. 밤에는 초록색 머리,

꽁지는 빨간색으로 깜빡거리며 자신의 총무게를 성배 은술잔 같이
모시며 비행한다. 물과 산의 사랑으로 잉태된 인류의 진화 과정
치켜들고.

―「하늘의 은빛 멸치」 전문

이 표현은 정현종의 시 「물의 꿈」 중에서 "나는 나의 성기를 흐르는 물에 박는다"라는 충격적인 구절에서 아이디어를 갖게 되었다.

81세의 여성 원로시인은 신선하고 역동적이며 놀라울 정도로 21세기의 모더니즘, 포스트모더니즘을 이해하고 계십니다. 그분은 소셜 미디어에 대해 경멸하는 것이 아니라 그 힘과 함정에 대한 직관적 이해로 글을 씁니다. 그분의 시의 한 구절 한 구절은 큐레이팅된 프

로필 뒤에 남아 있는 외로움, 단편화된 세상에서의 연결에 대한 탐색, 혼돈 속에서도 여전히 존재하는 아름다움을 포착합니다.

하지만 그분의 작업은 단순히 트렌드를 따라가는 연습이 아니라 현대적인 관점에서 시대를 초월한 인간의 감정을 탐구하는 것입니다. 사랑, 상실, 기쁨, 갈망이 그분의 시의 구성에 짜여 있지만, 이모티콘, 도시의 불빛, 기술의 웅웅거림을 통해 필터링된 현대적인 방식으로 표현됩니다. 이매자 시인은 한때 손으로 쓴 연애편지에 대해 썼던 것과 같은 진솔함으로 데이트 앱에 대해 말하며, 촉각적이고 무형적인 것 모두에서 시를 찾습니다.

캔자스 대학

캠퍼스

구월 어느 오후

분수에서 치솟아 올라갔다 다소곳이

내려오는 물방울의 면사포

아직도 오월이다, 하고 떼를 쓰는

잔디의 녹색 위에서

가느다란 바람을 살짝 만졌다

놓아, 퍼졌다 오므라지는 그
신부의 베일
바람이 발길질을 칠 때
베일은 하늘로 줄달음질치더니
사뿐 접으며 돌아온다

그 몸매에 반해, 햇살은, 사랑에 미치는
달리아처럼 달구어져,
신부를 가로채고 싶은 마음 참고
우린 시간 많이 있어, 란 듯
여유 있게,
면사포에 조명을 비춘다.
그 화사함에 눈이 시다
이 순간에 면사포를 휘날리는
세상의 모든 신부들이여
신부였던 아득한 옛 나여

한순간과 영원을
두 개의 본질을 유지케 하는 동시에
하나로 발효시켜
반짝이는 토기에 담고,

그 향기를 매 순간 맡아서,

천근만근 나 자신이 무거워 우는 나를

저리 화사히

가벼이 만들면,

나도 저런 휘날리는

영원과 한순간,

이두일신의 화신인 진실 될 수 있을까

―「햇살이 달리아Dahlia 되는 오후」 전문

이매자 시인을 차별화하는 것은 수십 년 동안의 지혜를 거만함 없이 젊은 세대에게 말하는 구절로 정제하는 능력입니다. 시인은 현대적 존재와 함께 오는 두려움과 불확실성, 빠르게 변화하는 세상의 불안, 디지털 관계의 덧없는 본질, 인위성으로 가득 찬 풍경 속에서의 진정성에 대한 갈망을 이해합니다. 시인은 시를 통해 세대 간의 격차를 메우고, 문화와 기술의 진화에도 불구하고 인간 존재의 본질은 변함이 없다는 것을 독자들에게 상기시킵니다.

노년기야, 너무 빨리 허둥지둥 뛰어 나한테로 뛰어오지 마라

때가 되면 오라. 양쪽에서 기다리던 애인들처럼 팔을 활짝 펴고

서로를 향해 뛰자. 미친 나의 첫 애기가 나한테서 쏟아져나오던 날

하늘이 아끼고 아끼어 두었던 미소Bravis를 마침내 웃던 날이었지

넌 영롱한 봄이슬 구슬로 만들어진 화관을 쓰고 나를 올려다보고

웃었지. 하늘의 미소 브라비스처럼

만난 적도 없고 알지도 못하는 독자들이 사랑하고 존경하는 작가
를 향해

태평양을 뛰어넘어 책으로부터 쏟아져 나오는 영혼의 문학의 피
를 수혈받듯이

그리고 다른 독자들에게 수혈을 해 주던 날 평생 기다렸던 애인들
처럼 가슴

안으로 뛰어들읍시다. 나의 애인 노년기여.

―「노년기」 전문

이매자 시인의 현대시 여정은 우연히 이루어진 것이 아닙니다. 그것은 의식적인 선택이며, 성장과 학습은 나이와 함께 멈추지 않는다는 선언입니다.

시인의 현대적 삶의 감각은 시인의 작품 주제뿐만 아니라 삶에 대한 접근 방식 자체에도 반영됩니다.

이매자 시인은 TED에도 나가 자신의 시에 대해 이야기를 나누고, 시니어 모임 시낭송회에도 참석하며, 시를 통하여 치유 받기를 원하는 모든 시니어들을 찾아가 그들과 함께 삶의 활력을 공유하고 불어넣어 줍니다. 그분에게 시는 과거의 유물이 아니라 시간과 함께 진화하는 살아 숨 쉬는 존재입니다. 그분의 회복력과 적응력은 창의성에 만료일이 있다고 두려워하는 사람들에게 영감이 됩니다.

궁극적으로 시인의 작품의 탁월함은 현재를 포착하는 동시에 과거를 존중하는 능력에 있습니다. 이매자 시인은 인생이 일련의 순간이며, 각 순간이 다음 순간만큼 중요하다는 것을 이해하는 시인이며, 불확실성과 경이로움이 가득한 현대세계는 탐험할 가치가 있는 캔버스라는 것을 알고 있습니다. 이매자 시인의 시는 나이가 관련성에 대한 장벽이 아니라 더 깊은 이해로 가는 관문이라는 것을 상기시켜줍니다.

    이매자 시인은 계속해서 글을 쓰면서 그녀의 말은 과거를 놓치지 않고 현재를 포용하려는 사람들에게 등대 역할을 합니다. 시인은 생생하고 살아있는 현대적 감각을 통해 시는 나이를 알지 못한다는 것을 증명합니다. 창조하고, 연결하고, 견뎌낼 수 있는 인간 정신의 무한한 능력만을 보여주고 있습니다.

    이매자 시인님, 앞으로도 건강한 정신과 마음으로 백수百壽를 지나 오래오래 시의 세계 속에서 시의 영감靈感을 마음껏 펼치시기를 축수祝手 올립니다.

                    2025년 을사년 푸른 뱀의 해에